Primera edición: febrero de 2018

@ Marc Ribas

@ de la edición:
9 Grupo Editorial
Lectio Ediciones
c/ Muntaner, 200 - 08036 Barcelona
Tel. 977 60 25 91 / 93 363 08 23
lectio@lectio.es
www.lectio.es

Coordinación: Anna Garcia
Diseño y composición: Carla Rossignoli
Fotografías: Enrique Marco
Ayudante de cocina: Ana Brotons
Estilismo: Anna Aixandri

Impresión: Leitzaran Grafikak

ISBN: 978-84-16918-35-5

DL T 100-2018

BRUTAL
LAS RECETAS DE
MARC RIBAS

ediciones
Lectio

PRESENTACIÓN

Comer es uno de los placeres de nuestra vida, y es universal. En cualquier rincón del planeta la gente sabe disfrutar de una comida, y aún más si lo hace en buena compañía. Si nos gusta tanta comer, ¿por qué no nos hemos convertido todos en grandes cocineros? ¿Por qué no comemos bien cada día? Quizás la falta de tiempo, el desconocimiento o el exceso de *rock'n'roll* son responsables de que no exprimamos al máximo la inmensa felicidad que produce comer bien. Y como cocinero, la brutal sensación que se tiene cuando se cocina para los demás.

Casi siempre que cocino, siento que reparto y comparto placer. Me emociona la comida, el producto y el fuego. Lavar los alimentos, cortarlos, en definitiva, el «chup-chup» de todo el proceso, desde que empiezo hasta que llega el momento de disfrutar de la comida. Esta es la razón del libro que tienes en las manos, un libro que no pretende ser más que un recetario, pero un recetario divertido, eso sí, si es que creéis como yo que la comida puede serlo.

Que una comida sea buena no tiene nada que ver con que sea cara: para hacer un buen plato no son necesarios conocimientos inaccesibles, se puede elaborar con productos sencillos y enseres al alcance de todo el mundo. Esta es la idea, y por eso la mayoría de recetas que he recogido aquí son locales, eso sí, con un poco de *rock'n'roll*. Encontraréis grandes clásicos de la cocina catalana, y también algunos platos que se cocinan en otros lugares del planeta. El mundo gira muy deprisa y sería absurdo dar la espalda a las cocinas extranjeras: por eso, aquí veréis recetas de Japón, de México, de la India, de Nueva York y de nuestros vecinos europeos. Debo deciros que he dado a todas ellas un toque catalán, bien por falta de producto original, bien para no complicarme mucho la vida.

Las recetas están pensadas para cuatro personas, y las medidas, los ingredientes y los tiempos de cocción son los apropiados para esas cuatro raciones. Pero te animo enérgicamente a que las hagas tuyas: vamos, que si no te gusta el guisante pongas garbanzo, no hay normas. En cuanto a la dificultad, la mayoría de propuestas de este libro son muy fáciles de hacer. En algunas se necesita cierta maña y en cuatro contadas se requiere tener algo más de experiencia pero, eh, no hay ninguna imposible. Por último, en cuanto a los ingredientes, cuando indico aceite «Ove», me refiero a aceite de oliva virgen extra.

Quiero añadir que este libro no es solo mío: es de todas las personas con quienes me he cruzado en una cocina o en un mercado, desde mi madre hasta los grandes profesionales con quienes he trabajado y me han inculcado el amor por este trabajo.

Chic@s, ha sido y está siendo una experiencia brutal, porque sin vosotros no habría hecho el clic que me ha permitido cambiar de rumbo y descubrir mi gran pasión, que no es cocinar, sino compartir la cocina que hago con la gente a la que quiero. Para eso vivo y para eso me levanto cada día.

Ahora también la quiero compartir contigo. Cocina conmigo.

Marc Ribas
Instagram: @madxef
Twitter: @mrcuines

ÍNDICE

CARNES

POSTRES, MERIENDAS Y DULCES

HUEVOS A LA BENEDICTINA

Hay varias teorías sobre el origen de este plato, aunque todo apunta a que fue L. Benedict, un neoyorquino rico, quien pidió en el lujoso Waldorf Hotel unos huevos «distintos» para desayunar.

4 huevos

4 panecillos

4 lonchas de jamón de bellota

100 g de virutas de jamón

vinagre blanco (2 cucharadas)

pimienta negra

sal

Para la salsa

4 yemas de huevo

125 g de mantequilla fría

zumo de ½ limón

1 chalota

estragón

sal

1 Preparamos la salsa holandesa: disponemos una cazuela en el fuego con dos dedos de agua y, cuando hierva, la apartamos. Colocamos dentro un recipiente para cocer al baño maría, echamos las cuatro yemas y una pizca de sal, y las removemos con el batidor de mano.

2 Volvemos a colocar la cazuela en el fuego, al mínimo, y agregamos la mantequilla fría cortada a dados (de uno en uno) mientras batimos, ahora enérgicamente. Debemos remover durante varios minutos hasta que la mantequilla se funda y la mezcla doble su volumen. Tiramos un chorrito de zumo de limón y continuamos batiendo. Retiramos la cazuela del fuego y la reservamos tal cual.

3 Escaldamos los huevos: llenamos un cazo alto con agua, echamos el vinagre, y lo llevamos a ebullición. Introducimos con cuidado el primer huevo, procurando que la yema no se rompa. Una vez dentro, dibujamos círculos en el agua con una cuchara hasta que se forme un remolino.

4 Repetimos la operación con el resto de huevos (deben hervir entre 2 y 3 minutos), y los retiramos del agua con la cuchara.

5 Acabamos la salsa: pelamos la chalota y la rallamos. La añadimos al recipiente de la salsa y removemos. Añadimos un poco de estragón (si no tenemos, podemos emplear tomillo cítrico).

6 Abrimos los panecillos y los tostamos ligeramente. Los disponemos, abiertos, en los platos.

7 Colocamos un par de cucharadas de salsa en la base de cada panecillo y añadimos la lámina de jamón, el huevo, las virutas y una pizca de pimienta para rematar, y lo servimos caliente. ¡Buen provecho, señores y señoras Benedict!

¡UN DESAYUNO POTENTE QUE CARGA EL CUERPO DE ENERGÍA Y BUEN HUMOR!

PIADINA DE POLLO Y PIMIENTO

¿Es un bocadillo? ¿Es una crep? ¿Es un burrito? ¡No! Es un clásico italiano que no podéis dejar de probar si vais a la región de Emilia-Romaña. Y si no vais, también.

2 pechugas

1 pimiento rojo

1 cebolla

2 dientes de ajo

1 hoja de laurel

100 ml de vino blanco

100 ml de vinagre de chardonnay

azúcar moreno (1 cucharada)

6 pepinillos (opcional)

tomillo

romero

pimienta negra en grano

pimentón dulce

aceite Ove

sal

Para la masa

300 g de harina

50 g de manteca de cerdo

150 ml de agua mineral

10 g de sal

1 Elaboramos la masa de las *piadini*: sobre una superficie lisa, mezclamos la harina, la sal y la manteca. Disponemos la mezcla en forma de volcán y, con cuidado, vertemos el agua en el centro. La trabajamos con las manos hasta obtener una masa homogénea y sin grumos.

2 Estiramos la masa con el rodillo y espolvoreamos un poco de harina por encima. La cortamos en cuatro partes iguales y hacemos una bola con cada una. Tapamos las bolas con un trapo de algodón y las dejamos reposar 45 minutos en la nevera.

3 Preparamos el relleno: cortamos la cebolla en plumas y el pimiento en juliana, aplastamos los dos ajos y cuatro o cinco granos de pimienta, lo pasamos todo a una cazuela y lo cubrimos con aceite.

4 Lo freímos a fuego vivo durante 5 minutos. Retiramos la cazuela del fuego y añadimos el vino, el vinagre, el azúcar y un poco de romero. Removemos y

lo volvemos a dejar en el fuego (medio) 15 minutos.

5 Salpimentamos las pechugas, añadimos un poco de tomillo y las hacemos a la plancha. Cuando estén casi hechas, espolvoreamos una pizca de pimentón por encima.

6 Recuperamos las cuatro masas y las estiramos con el rodillo hasta obtener cuatro círculos muy finos. Las cocemos en la sartén con un poco de aceite, como si fueran creps. Las retiramos y las tapamos con un trapo.

7 Disponemos las cuatro *piadini* en platos y cubrimos la mitad de cada una con el relleno: el escabeche de cebolla y pimiento, el pollo cortado a escalopes, los pepinillos, a rodajas, y un poco de pimienta. Doblamos cada *piadina* por la mitad y ¡ya nos las podemos zampar! *Buon appetito!*

Merece la pena comprar pollo ecológico: ni su valor nutritivo ni su sabor pueden compararse a los de los pollos convencionales.

LA *PIADINA* SE ELABORA SIN LEVADURA Y RECUERDA UN POCO AL PAN DE PITA.

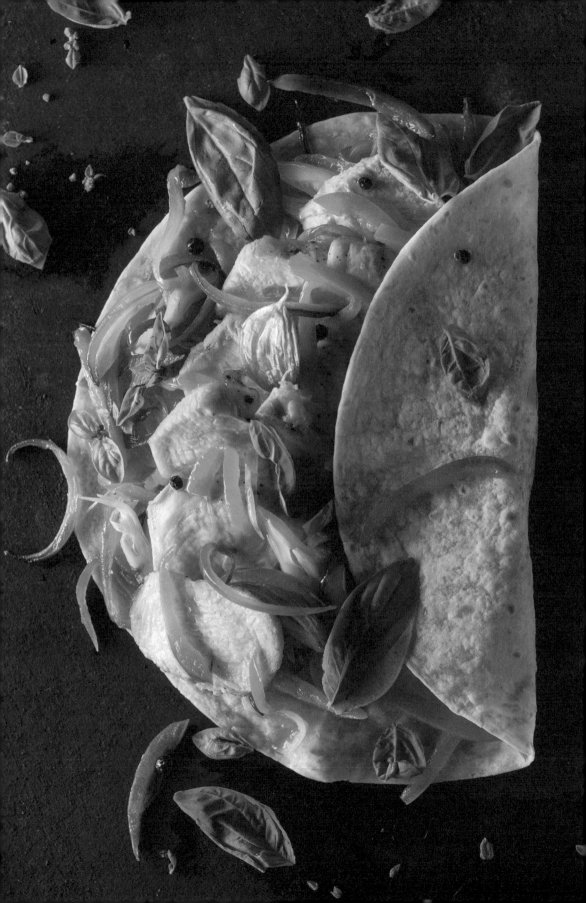

ENSALADA CÉSAR

Esta ensalada no tiene nada que ver con el emperador romano: la creó Caesar Cardini, el propietario de una cadena de restaurantes de México y los Estados Unidos tras la celebración del 4 de julio de 1924, cuando la despensa se le quedó vacía y tuvo que improvisar platos.

lechuga de hoja de roble
lechuga larga
1 diente de ajo
4 lonchas de beicon
virutas de parmesano
1 pechuga entera
4 rebanadas de pan
romero
aceite Ove
sal

Para la salsa

1 huevo
1 diente de ajo
100 g de parmesano rallado
½ limón
2 anchoas
mostaza de Dijon
(1 cucharada)
salsa Perrins
(2 cucharadas)
mantequilla (1 cucharada)
pimienta negra
aceite Ove

1 Hacemos el huevo duro: lo hervimos en un cazo con agua durante 13 minutos, lo retiramos y lo dejamos enfriar.

2 Con esa misma agua, escaldamos un diente de ajo durante medio minuto. Lo abrimos y retiramos la parte central.

3 Salpimentamos la pechuga y, en una sartén con un poco de aceite, la freímos con un poco de romero, el otro ajo sin pelar pero aplastado, y la cucharada de mantequilla.

4 Disponemos el pollo y el contenido de la sartén sobre un papel sulfurado y lo cerramos para hacer una papillota. La colocamos sobre una bandeja y, al lado, añadimos el pan para tostarlo. Lo horneamos todo durante 8 minutos a 200º C. Lo dejamos enfriar y cortamos el pollo y el pan a dados.

5 Salteamos el beicon en una sartén muy caliente y sin aceite, lo dejamos enfriar y la cortamos a cuadraditos (tiene que quedar crujiente).

6 Elaboramos la salsa: en el vaso de la batidora eléctrica, echamos el huevo duro pelado, la cucharada de mostaza, las dos cucharadas de Perrins, un chorro de aceite, el parmesano, el diente de ajo escaldado y ya pelado, el zumo de medio limón y las anchoas. Lo trituramos todo.

7 En una ensaladera, mezclamos las hojas de lechuga, ya limpias y troceadas, con los dados de pollo, el pan tostado, el beicon y la mitad de la salsa.

8 Servimos la ensalada con el resto de la salsa vertida por encima y las virutas de parmesano.

Si la surtimos con bastante pollo, huevo y pan tostado, la ensalada César funciona como plato único.

WELCOME TO CAESAR'S!

TORTILLA ABIERTA DE ALCACHOFAS

El huevo es un «alimento 10»: es económico, fácil de cocinar y muy completo, ya que nos aporta proteínas, vitaminas, minerales y ácidos grasos esenciales. Las tortillas, además, son siempre un as en la manga porque son de digestión suave y rápidas de hacer.

4 huevos

4 alcachofas

1 cebolla de Figueres

harina de garbanzo (2 cucharadas)

harina de maíz (2 cucharadas)

hojas de rúcula

pimienta blanca

aceite Ove

sal

1 En una cazuela, disponemos tres o cuatro dedos de aceite. Pelamos las alcachofas y les cortamos la punta. Las cortamos a cuartos, incluyendo los troncos, retiramos las barbas centrales y las introducimos en la cazuela enseguida para que no se oxiden.

2 Las confitamos en aceite con el fuego al mínimo, contando 20 minutos desde el momento que aparezcan las primeras burbujas.

3 Preparamos los aros de cebolla: pelamos las cebollas y las cortamos a rodajas finas (mejor si lo hacemos con una mandolina). Las reservamos sobre un papel absorbente para que pierdan la humedad.

4 En un recipiente, mezclamos la harina de maíz con la de garbanzo. Con esta mezcla enharinamos las rodajas de cebolla, sacudiéndolas un poco para eliminar el exceso de harina.

5 Freímos las rodajas en una sartén con aceite muy caliente (procuramos que no se enganchen entre ellas) y las dejamos sobre papel absorbente. Las disponemos sobre una bandeja de horno forrada con papel sulfurado y las horneamos durante 5 minutos a 220° C.

6 Colocamos las alcachofas sobre un colador de malla fina para que pierdan el aceite. Mientras, batimos los huevos en un bol y añadimos una pizca de sal y otra de pimienta blanca.

8 Calentamos una sartén con un chorrito del aceite de confitar las alcachofas y hacemos la tortilla abierta, es decir, sin doblarla. Cuando haya cuajado, la disponemos sobre un plato.

9 Colocamos las alcachofas encima y, sobre ellas, las rodajas de cebolla frita. Acabamos de montar el plato con hojas de rúcula y un chorrito de aceite de las alcachofas, y listos.

A *la hora de comprar huevos, es mejor que sean ecológicos. Los distinguiréis porque en la cáscara llevan una numeración que empieza por 0.*

ESTE PLATO ES MUY NUTRITIVO Y APTO PARA OVOVEGETARIANOS.

BOCADILLO CUBANO

Los marinados cubanos son una maravilla: ablandan la carne y la medio cuecen, de forma que después solo hay que marcarla en la sartén. Se hacen con cítricos, especias y ron.

½ aguacate

1 plátano macho

150 g de lomo de cerdo en una pieza

80 g de lacón

5-6 dientes de ajo negro

80 g de kétchup (1 una taza de café)

2 rebanadas grandes de pan

aceite Ove

Para el marinado

1 naranja

1 limón

30 g de sal

100 ml de ron (½ vaso)

5 bolitas de enebro

2 semillas de cardamomo

jengibre fresco (10 cm)

1 estrella de anís

2 clavos

1 diente de ajo

1 En un recipiente, mezclamos el zumo de la naranja y el del limón con el ron, la sal y el resto de ingredientes del marinado (el jengibre, pelado y rallado, los dos clavos, aplastados, las semillas de cardamomo, abiertas, y el diente de ajo, también aplastado). Sumergimos la pieza de lomo en la mezcla y la reservamos así toda la noche, en la nevera.

2 Con la batidora eléctrica, trituramos los dientes de ajo negro, ya pelados, con el kétchup. Lo reservamos.

3 Preparamos los chips de plátano: cortamos el plátano a lo largo y hacemos láminas de unos 2-3 milímetros. Vertemos un dedo de aceite en una sartén y, cuando esté muy caliente, las freímos.

4 Disponemos dos platos: uno, cubierto con un papel absorbente y el otro, con papel sulfurado. Retiramos las láminas de plátano de la sartén, las dejamos sobre el primero, las salamos y las pasamos al otro plato para que no se ablanden con el aceite.

5 Retiramos el lomo del marinado y lo escurrimos. En una sartén, lo marcamos con unas gotitas de aceite muy caliente. Luego, pintamos el lomo con la salsa de kétchup y lo cortamos a escalopes finos.

6 Abrimos el aguacate por la mitad y lo cortamos a láminas (si no lo vamos a comer enseguida, lo mojamos con unas gotas de limón para que no se oxide).

7 Disponemos las rebanadas de pan y montamos el bocadillo: unas lonchas de lacón, el lomo, los chips de plátano y el aguacate. Lo acabamos de pintar con salsa y cerramos el bocadillo.

A día de hoy, tenemos a nuestro alcance una gran variedad de panes: con cereales, con frutos secos, de diferentes harinas… ¡no lo desaprovechemos y probemos panes diferentes!

EL AGUACATE QUEDA BRUTAL EN LOS BOCADILLOS PORQUE LES DA CREMOSIDAD.

EMPEDRADO DE LENTEJAS Y AGUACATE

Ya sé qué estáis pensando: ¡el empedrado no es así! ¡Los empedrados llevan alubias y bacalao! Pues no: se puede llamar «empedrado» a cualquier ensalada de legumbres porque el nombre se refiere a su parecido con las calles adoquinadas, es decir, de piedra.

500 g de lentejas caviar cocidas

1 tomate de aliñar

4 lonchas de beicon

1 cebolla morada

1 aguacate

lechuga al gusto

vinagre de Módena (opcional)

menta fresca (opcional)

aceite Ove

sal

1 Pelamos y cortamos a dados pequeños el tomate, el aguacate y la cebolla.

2 Mezclamos en una fuente estos ingredientes con las lentejas, previamente lavadas y escurridas. Añadimos una pizca de sal.

3 En una sartén con una cucharada de aceite muy caliente, doramos el beicon. Tiene que quedar crujiente y brillante. Lo retiramos y lo añadimos a la fuente para que se mezclen los sabores.

4 Lavamos y cortamos las hojas de lechuga. Las añadimos a la ensalada y la aliñamos con aceite y, si queremos, vinagre de Módena. Agregamos unas hojas de menta, que le darán frescor.

5 Lo mezclamos todo, rectificamos de sal si hace falta y servimos los platos. ¡Así de fácil!

La lenteja caviar o beluga es muy tierna y, al cocerla, no se deshace ni pierde la piel. Recibe este nombre porque se asemeja al caviar de beluga (la hembra del esturión), tan típico de los países norteños.

LAS LENTEJAS SON UNA FUENTE BRUTAL DE PROTEÍNAS VEGETALES.

PIZZA DE *PASTRAMI*

La pizza es la comida informal por excelencia, y es difícil encontrar a alguien a quien no guste. Aun así, hay pizzas y pizzas, y la que hacemos nosotros en casa a la fuerza tiene que ser brutal.

9 lonchas de *pastrami*

1 bola de *burrata*

6 tomates maduros

hojas de albahaca fresca

pasta de tomate
(2 cucharadas)

pimentón dulce
(1 cucharada)

hojas de orégano fresco

aceite Ove

sal

Para la masa

250 g de harina

150 ml de agua

7 g de levadura

50 g de masa madre

sal

Para confitar el tomate

6 tomates pera

1 chile fresco

1 diente de ajo

1 ramita de tomillo fresco

1 ramita de romero frecso

aceite Ove

sal

1 Elaboramos la masa: en un recipiente grande, mezclamos la harina, la levadura, el agua, la masa madre y una pizca de sal. Lo trabajamos todo durante unos 15 minutos hasta obtener una masa lisa y elástica.

2 Formamos una bola con la masa, la envolvemos con papel film y la reservamos en la nevera durante 48 horas.

3 Confitamos los tomates: los disponemos en una cazuela de acero inoxidable con el chile entero, el ajo aplastado, el tomillo, el romero y dos dedos de aceite. Lo cocemos a fuego bajo durante 10 minutos. Lo dejamos enfriar.

4 Cuando la cazuela se haya enfriado, vertemos su contenido en un bote de cristal y lo reservamos en la nevera, cerrado.

5 Hacemos la salsa: rallamos los tomates, los pasamos a una cazuela sin aceite y los cocemos a fuego bajo durante 5 minutos. Añadimos la pasta de tomate y el pimentón, removemos y retiramos la cazuela del fuego enseguida.

6 Sacamos la masa de la nevera, la estiramos con el rodillo, le damos forma de base de pizza y la colocamos sobre un papel sulfurado. Distribuimos la salsa de tomate por encima y calentamos el horno a la máxima potencia.

7 Escurrimos los tomates confitados, los cortamos a trocitos y los agregamos a la pizza junto con hojas de orégano fresco. Agregamos las lonchas de *pastrami* y la *burrata*, situándola en el centro.

8 Introducimos la pizza en el horno sobre una bandeja previamente calentada. La horneamos 15 minutos a máxima temperatura.

9 Servimos la pizza con las hojas de albahaca por encima. ¡Brutal!

El pastrami *es un embutido típico de la cocina judía rumana y se elabora con carne de ternera sometida a una salmuera y un ahumado posterior.*

UNA PIZZA CASERA CON UN INGREDIENTE JUDÍO.

OKONOMIYAKI

El okonomiyaki es un tipo de pizza japonesa típica de las regiones de Kansai y de Hiroshima. A pesar de que recuerda las pizzas, el método de cocción no es el horno sino la sartén.

2 huevos

200 g de col china

1 cebolla tierna

1 calamar grande o
2 pequeños, ya limpios

15 langostinos

cebollino

mayonesa japonesa

salsa Perrins (1 cucharada)

aceite de sésamo
(½ cucharada)

kétchup (2 cucharadas)

sal

Para la masa

2 huevos

2 hojas de alga *kombu*

6 setas shiitake

120 g de harina de arroz

1 l de agua mineral

sal

1 Preparamos la masa: disponemos un cazo en el fuego con el agua mineral, el alga kombu y los *shiitake*, con lo que haremos un caldo. Cuando hierva, lo tapamos y apagamos el fuego. Lo dejamos reposar 10 minutos, retiramos los *shiitake* del caldo y los reservamos. Colamos el caldo.

2 En un recipiente, mezclamos la harina de arroz con una pizca de sal. En otro recipiente, batimos dos huevos. Vertemos poco a poco el caldo anterior y los huevos en el recipiente de la harina mientras removemos. Tenemos que conseguir una mezcla parecida a la de las creps. La dejamos reposar 30 minutos.

3 Cortamos a trozos muy pequeños las hojas de col (retiramos la parte blanca más dura), la cebolla, los *shiitake*, los calamares y los langostinos, ya pelados (nos guardamos cinco).

4 Pelamos esos cinco langostinos, los pasamos a una sartén grande con un poco de aceite muy caliente y los salteamos.

5 Pasamos todo lo que hemos cortado al recipiente de la masa, y removemos. En la misma sartén de los langostinos, calentamos un poco de aceite y vertemos toda la mezcla como si fuera una tortilla. La cocemos unos minutos a fuego medio.

6 La giramos, subimos el fuego y colocamos encima los cinco langostinos y dos huevos batidos. Cuando los huevos cuajen, ya está.

7 En un bol, mezclamos las dos cucharadas de kétchup con la salsa Perrins y el aceite de sésamo. Pintamos el *okonomiyaki* con esta mezcla y distribuimos también un par de cucharadas de la mayonesa japonesa.

8 Echamos cebollino picado por encima y ya podemos servir el *okonomiyaki*.

La mayonesa japonesa lleva huevo como la nuestra, pero también otros ingredientes típicos de la cocina oriental como el jengibre, la salsa de soja, la pasta de wasabi o el vinagre de arroz.

ESTE PLATO ES UN CLARO EJEMPLO DE COCINA DE APROVECHAMIENTO PORQUE LE PUEDES AÑADIR CUALQUIER COSA.

TORTILLA DE ALUBIAS DEL *GANXET*

Este plato es tan sencillo de hacer que daría vergüenza si no fuera por las alubias del ganxet, una auténtica legumbre de lujo. Así, hacemos una tortilla diferente, con carácter y apta para días de frío y de calor.

250 g de alubias del *ganxet* secas

4 huevos

agua mineral

leche entera (un chorrito)

pimienta negra

tomillo fresco

aceite Ove

sal

1 Hervimos las judías con agua mineral sin sal: las disponemos en la olla a presión y vertemos agua fría hasta triplicar su volumen. Si vemos alguna judía flotando, la retiramos. No cerramos la olla.

2 Cuando arranque a hervir, retiramos la olla del fuego y colamos las judías. Las volvemos a meter en la olla, las volvemos a cubrir con agua fría y las dejamos de nuevo en el fuego. Esto se llama «hacer una espantada», y sirve para que la piel no se desenganche de la alubia. Desechamos el agua cuando vuelva a hervir y repetimos la operación.

3 Cuando el agua hierva por tercera vez, cerramos la olla y cocemos las judías durante 45 minutos. Transcurrido este tiempo, dejamos la olla sin abrir 1 hora más. Después, colamos las alubias y las reservamos.

4 En un recipiente, batimos los huevos con una pizca de sal, otra de pimienta y un chorrito de leche. Para que quede más esponjosa, lo hacemos con la batidora de varillas.

5 Echamos unas gotas de aceite en una sartén y salteamos las judías durante 1 minuto. A continuación, vertemos los huevos y hacemos la tortilla. La giramos pasados un par de minutos.

6 Le esparcimos unas hojitas de tomillo por encima y la servimos caliente.

A diferencia de otras legumbres, no es necesario dejar las alubias secas en remojo antes de cocerlas.

LA ALUBIA DEL *GANXET* NOS APORTA FIBRA Y ENERGÍA DE LARGA DURACIÓN.

ENSALADA WALDORF CON MEMBRILLO

La ensalada Waldorf es otro clásico surgido del Waldorf Hotel de Nueva York. Fue en 1893 cuando Oscar Tschirky se inventó esta receta, que pronto se hizo famosa. Nosotros le daremos un toque rústico gracias al membrillo.

4 cogollos de lechuga
2 manzanas *Granny Smith*
1 tronco de apio
1 huevo
125 g de almendra cruda
vinagre de jerez
(1 cucharada)
aceite Ove
sal

Para el membrillo
1 kg de membrillos
1 limón pequeño
700 g de azúcar
agua mineral

1 Elaboramos el membrillo: lavamos los membrillos, los pelamos, les quitamos las semillas como si fueran manzanas y los cortamos en trozos medianos. Los disponemos en un recipiente y exprimimos el zumo de limón por encima. Lo mezclamos con las manos.

2 Le agregamos todo el azúcar y volvemos a mezclar. Cubrimos el recipiente con papel film y lo reservamos en la nevera entre 6 y 8 horas.

3 Pasamos el contenido del recipiente a una cazuela y lo cocemos a fuego medio-bajo durante 45 minutos. Añadimos de vez en cuando medio vasito de agua mineral.

4 Una vez cocido, pasamos el membrillo por el pasapurés. Lo vertemos en una fuente de vidrio forrada con papel film y lo dejamos enfriar, tapado con el mismo film.

5 Preparamos la ensalada: lavamos y cortamos los cogollos de lechuga, pelamos el apio (le retiramos las fibras más duras) y lo cortamos muy pequeño. Pelamos y cortamos también las manzanas, les retiramos el corazón y las laminamos.

6 Elaboramos la mayonesa: batimos el huevo con el aceite y una pizca de sal.

7 Tostamos las almendras en una sartén con solo unas gotas de aceite.

8 Desmoldamos el membrillo y cortamos tantos dados como queramos. Montamos la ensalada con todos los ingredientes, vertemos por encima la mayonesa y unas gotas de vinagre y… ¡Brutal!

En esta propuesta sustituimos las nueces de la receta original por almendras, y las pasas, por el membrillo.

UNA ENSALADA VERANIEGA, REFRESCANTE Y ENERGÉTICA.

HUEVOS A LA RANCHERA

Los garbanzos son un gran alimento: se pueden preparar de mil maneras, son nutritivos, saludables y nos aportan fibra, minerales y vitaminas. Si los combinamos con huevos, como en este caso, nos sale un plato único muy potente que nos ayudará a aguantar muchas horas.

150 g de garbanzos cocidos
125 g de queso *reblochon*
4 huevos
5 tomates maduros
1 cebolla morada
1 chile fresco
1 aguacate
1 lima
cilantro fresco
orégano fresco
pimentón dulce
(1 cucharadita de café)
pimienta negra
aceite Ove
sal

Para la tortilla
150 g de harina de maíz
150 g de harina de trigo
30 ml de agua mineral
sal

1 Elaboramos la masa de la tortilla: calentamos el agua mineral en un cazo y, mientras, disponemos las dos harinas y una pizca de sal en un recipiente, y las mezclamos. Vertemos 30 ml de agua hirviendo en el recipiente y amasamos hasta que quede una masa parecida a la de una pizza.

2 Estiramos la masa con un rodillo procurando que quede igual de fina por todas partes y la enharinamos. En una sartén caliente y sin aceite, la cocemos por ambos lados como si fuera una crep y la pasamos a un plato. La tapamos con papel film de modo que el papel se pegue a la tortilla, y la reservamos así.

3 Preparamos la salsa de tomate: rallamos los tomates y los reducimos a la mitad en una sartén sin aceite a fuego bajo (unos 10 minutos). Añadimos hojas de orégano cortadas pequeñas, una pizca de sal, otra de pimienta y la cucharada de pimentón.

4 Pelamos y cortamos la cebolla en *brunoise* y el chile, a rodajas finas.

5 Apagamos el fuego y agregamos la cebolla, el chile y los garbanzos. Vertemos también un poco del agua de los garbanzos y removemos. Encendemos el horno.

6 En una fuente, disponemos la tortilla como si fuera la base de una *quiche*. Colocamos encima los garbanzos con la salsa, los huevos (procuramos que las yemas no se rompan al abrirlos) y unas láminas de queso. Espolvoreamos pimienta por encima y lo horneamos durante 7 minutos a 220° C.

7 Mientras, cortamos el aguacate a dados, picamos unas hojas de cilantro y lo mezclamos en un bol con un poco de aceite y unas gotas de zumo de lima.

8 Retiramos la fuente del horno y echamos la mezcla de aguacate por encima. ¡Rancho!

El *reblochon es un queso francés de la zona de Saboya, muy cremoso y muy graso, por cierto.*

LOS HUEVOS A LA RANCHERA SON UN ALMUERZO TÍPICO MEXICANO.

CLOCHAS DE ANCHOAS

Este pan de payés redondo, vaciado de miga y relleno de sardinas en salazón, cebollas, tomates y ajos asados es muy típico de las Terres de l'Ebre. Nosotros, en lugar de sardinas, vamos a usar anchoas crujientes.

8 anchoas saladas

4 panecillos rústicos

1 patata Monalisa

1 cebolla de Figueres

4 tomates pera

16 olivas gordal sin hueso

pasta de tomate
(1 cucharada)

1 cabeza de ajos

200 ml de leche (1 vaso)

200 ml de agua mineral
(1 vaso)

harina

sal gruesa

pimienta negra

aceite Ove

UN BOCADILLO PARA VALIENTES: ES ENJUTO, SALADO Y ¡LLEVA ESPINAS!

1 Encendemos el horno. En una bandeja, disponemos una capa de sal gruesa y colocamos encima la patata entera con piel, la cebolla y la cabeza de ajos, tal cual. Introducimos la bandeja en el horno y lo asamos todo a 220° C durante 35 minutos.

2 Limpiamos las anchoas: les retiramos la sal y separamos los filetes de la espina, procurando que no se rompan. Disponemos dos cuencos y dejamos los filetes con agua mineral en uno y las espinas centrales en leche, en otro. Los dejamos así 15 minutos.

3 Pelamos los tomates, los abrimos, eliminamos las partes centrales y los cortamos a dados pequeños. Los dejamos escurrir en un colador de malla metálica.

4 Retiramos las espinas de la leche y las disponemos sobre papel absorbente. Hacemos lo mismo con los filetes. Estos últimos los dejamos en un plato cubiertos con aceite y un pellizco de pimienta negra.

5 Cortamos las olivas por la mitad y las reservamos. Hacemos un agujero pequeño a la parte superior de los panecillos y vaciamos la miga con la ayuda de un cuchillo y los dedos. Cortamos la miga a dados.

6 Pasamos las espinas por harina. Las freímos con aceite muy caliente hasta que queden tostadas, las dejamos sobre papel absorbente y aprovechamos la sartén para freír los dados de pan. Los dejamos también sobre papel.

7 Retiramos la bandeja del horno. Pelamos la patata y la aplastamos hasta obtener puré. Pelamos los ajos y los añadimos al puré. Les agregamos un chorro de aceite y volvemos a aplastarlo todo. Introducimos el puré en una manga pastelera.

8 Mezclamos el tomate con la pasta de tomate y un chorrito de aceite. Introducimos dentro del pan, en este orden, el puré con la ayuda de la manga, la cebolla cortada en juliana, las olivas, el tomate, las anchoas, el pan y las espinas rebozadas.

9 Para presentar las clochas, cortamos el pan por el medio para que se vean las capas.

Tradicionalmente, las clochas eran la comida que los labradores se llevaban al campo cuando iban a trabajar.

SUSHI

El plato más famoso del Japón resulta que es de origen chino. En nuestro país somos muy fans del sushi *pero... ¿y si probamos a hacerlo nosotros?*

8 filetes de boquerón
250 g de atún rojo
4 gambas rojas frescas
1 kg de sal gris
1 bote de jengibre adobado
salsa de soja

Para el arroz

400 g de arroz redondo
75 g de vinagre de arroz
20 g de azúcar
15 g de sal
agua mineral

Otros

pulverizador

1 Preparamos el pescado para congelar: llenamos un recipiente con la sal y enterramos en ella la pieza de atún. La dejamos en la nevera 45 minutos. Hacemos lo mismo con los boquerones y los dejamos en la nevera 15 minutos.

2 Transcurridos los 15 minutos, sumergimos los boquerones en agua para quitarles la sal, los secamos y los disponemos sobre papel sulfurado con la piel hacia arriba, los tapamos con otro papel sulfurado y los guardamos en un recipiente con tapa. Hacemos lo mismo con el atún y lo congelamos todo 48 horas.

3 Retiramos el pescado del congelador y lo descongelamos en la nevera (unas 12 horas).

4 Lavamos el arroz hasta que el agua salga transparente. Lo pasamos a una cazuela y vertemos el mismo volumen de agua que de arroz (unos 600 ml). Agregamos la sal y el azúcar, y tapamos la cazuela. La ponemos al fuego al máximo durante 2 minutos. Después, la dejamos 13 minutos con el fuego al mínimo.

5 Retiramos la cazuela del fuego y dejamos reposar el arroz, sin destaparlo. Lo pasamos a una bandeja plana y le pulverizamos todo el vinagre. Con una espátula, lo vamos separando y aplanando. Lo tapamos con un trapo húmedo en contacto con el arroz y lo reservamos.

6 Limpiamos las gambas: les retiramos la cabeza y el intestino, las pelamos y dejamos solo la cola. Las abrimos por la mitad en sentido longitudinal.

7 Retiramos el pescado de la nevera y cortamos el atún a láminas gruesas.

8 Hacemos bolas de arroz como si fueran croquetas y colocamos sobre cada una un trozo de pescado o una gamba.

9 Servimos el *sushi* acompañado de un platito con la salsa de soja y otro con el jengibre.

Para hacer las bolas de arroz, es mejor tener un recipiente con agua al lado para ir remojando los dedos.

EN JAPÓN, EL *SUSHI* NO SE COME CON PALILLOS SINO CON LOS DEDOS.

BULLABESA CRIOLLA

Esta bullabesa es una variante de la clásica sopa de pescado provenzal que integra ingredientes típicos de las colonias americanas, como el ron o la lima.

1 kg de pescado de roca
(congrio, rape, escorpina,
arañas, mero, corvina...)
12 mejillones
8 nécoras cocidas
1 lima
1 hoja de laurel
100 ml de ron negro
agua mineral
perejil
pimienta negra en grano
aceite Ove
sal

Para el sofrito

8 tomates pera
1 puerro
1 cebolla
1 tallo de apio
1 pimiento rojo
1 pimiento verde
1 cabeza de ajos
1 chile fresco
2 cucharadas de pasta
de tomate
un pedacito de jengibre
(del tamaño de una nuez)

Para la picada

6 almendras tostadas
6 avellanas tostadas
briznas de azafrán

1 Limpiamos el pescado, lo escamamos, retiramos vísceras y piel y reservamos las espinas y las cabezas, sin ojos ni agallas, para hacer el caldo.

2 Hacemos el caldo: hervimos las espinas y las cabezas con un litro largo de agua mineral durante 25 minutos. Después, lo dejamos otros 25 minutos a fuego bajo. Lo colamos y lo reservamos.

3 Preparamos el sofrito: pelamos y picamos el apio, la cebolla, el puerro, el pimiento rojo, el jengibre y los tomates, y lo mezclamos en un cuenco con el tomate concentrado.

4 Disponemos una cazuela grande en el fuego y vertemos la mezcla anterior. Añadimos un chorro de aceite, el chile y la cabeza de ajos cortada por la mitad, y dejamos que cueza despacio 30 minutos.

5 Tostamos el azafrán en una sartén sin aceite y lo pasamos al mortero. Hacemos la picada con las almendras y las avellanas.

6 Transcurridos los 30 minutos, subimos el fuego del sofrito al máximo y agregamos la picada, el ron, el laurel, unos granos de pimienta aplastados, el zumo de media lima y el caldo. Tapamos la cazuela, bajamos el fuego y dejamos que cueza durante 20 minutos, removiendo de vez en cuando.

7 Mientras, cocemos los mejillones en una cazuela tapada hasta que se abran y reservamos el líquido.

8 Cortamos el pescado a trozos medianos, los incorporamos a la cazuela junto con las nécoras y el líquido de los mejillones, y volvemos a tapar. Lo dejamos cocer 3 minutos más.

9 Distribuimos los mejillones en los platos y vertemos un cucharón de sopa en cada uno. Añadimos perejil y ralladura de piel de lima por encima y ya tenemos nuestra bullabesa.

UNA SOPA MARINERA CON AIRES DEL CARIBE.

SOPA DE PAN Y ANCHOAS

La sopa de pan es una de las sopas más sencillas que existen, y con cuatro ingredientes está hecha. Nosotros vamos a darle rock'n'roll añadiendo anchoas.

4 anchoas

250 g de pan seco

1 l de agua mineral

2 dientes de ajo

1 chile seco

1 rama de tomillo fresco

1 rama de romero fresco

pimentón de Espelette (1 cucharadita de café)

100 ml de vino rancio

aceite Ove

sal

1 Hervimos el agua en una olla con una pizca de sal, el tomillo y el romero. Cuando arranque a hervir, apagamos el fuego, tapamos la olla y lo dejamos reposar 10 minutos.

2 Disponemos las anchoas en un recipiente y las cubrimos con agua mineral. Las reservamos así 10 minutos.

3 En una cazuela con un poco de aceite, hacemos «bailar» los ajos, previamente pelados y laminados. Añadimos el chile, entero.

4 Transcurridos unos minutos, echamos el pimentón y el vino rancio, retiramos la cazuela del fuego y removemos para que el alcohol se evapore.

5 Volvemos a poner la cazuela al fuego. Vertemos la infusión colada de tomillo y romero y casi todo el pan (reservamos un poco para tropezones), y lo hervimos 5 minutos.

6 Desechamos el chile, trituramos esta mezcla con la batidora eléctrica y agregamos un chorro de aceite. Tiene que quedar una crema líquida.

7 Retiramos las anchoas del agua y las secamos con papel absorbente. Si tienen espinas, las eliminamos.

8 En una sartén, freímos el resto de pan con aceite. Los reservamos sobre papel absorbente.

9 Servimos la sopa con las anchoas, el pan frito y unas gotas de aceite por encima.

Una buena forma de aprovechar los restos de pan que han quedado duros.

ESTA SOPA ES TÍPICA DE MONTAÑA Y SUS ORÍGENES SON MUY HUMILDES.

CREMA DE MANDIOCA

Esta crema la aprendí a hacer en Brasil y funciona perfectamente como plato único. Su ingrediente principal, la mandioca o yuca, se consume desde hace milenios en Brasil, en Perú y en el resto de países latinoamericanos.

500 g de mandioca
½ gallina
1 puerro
1 chirivía
1 cebolla
2 dientes de ajo
agua mineral
100 ml de vino blanco
cebollino
manojo de perejil
pimienta negra
aceite Ove
sal

1 Preparamos la base de caldo: en una olla con 2 litros de agua mineral, hervimos el puerro y la chirivía, previamente pelados y troceados, más la media gallina, un diente de ajo pelado y el perejil. Lo dejamos hervir a fuego medio durante 2 horas.

2 Pasadas las 2 horas, colamos el caldo y volvemos a poner el líquido en el fuego. Reservamos la carne de gallina.

3 Con un buen cuchillo, pelamos y cortamos la mandioca a trozos medianos y la hervimos en este caldo durante 30 minutos.

4 Mientras tanto, rallamos la cebolla y la doramos en una cazuela con un poco de aceite. Desmenuzamos la gallina y desechamos la piel, los huesos y todo lo que no sea carne.

5 Picamos el otro ajo y lo añadimos a la cazuela de la cebolla. Cuando esta esté rubia, agregamos el vino blanco y dejamos que se evapore el alcohol.

6 Disponemos la mandioca cocida en el vaso de la batidora eléctrica con un poco del caldo y la trituramos hasta que quede fina.

7 Colamos este triturado con un colador de malla fina y lo vertemos en la cazuela con la cebolla y el ajo. Dejamos que cueza 5 minutos a fuego medio. Lo rectificamos de sal y pimienta.

8 Picamos cebollino. Servimos la crema de mandioca en recipientes individuales con cebollino por encima y la carne de gallina desmenuzada en un plato aparte.

La mandioca o yuca tiene un montón de propiedades pero es pobre en proteínas. Por eso la reforzamos con carne de gallina.

LA MANDIOCA ES LA TERCERA FUENTE DE HIDRATOS DE CARBONO DE LA HUMANIDAD.

RAMEN

Esta sopa japonesa se suele consumir en locales de comida rápida o por la calle, y es una manera económica de calentar el cuerpo durante los crudos inviernos en Honshū.

2 l de caldo de pollo

2 paquetes de fideos udon (400 g)

1 paquete de alga *kombu* (200 g)

250 g de papada de cerdo

2 puerros

4 huevos

1 diente de ajo

1 cebolla

1 zanahoria

1 pimiento rojo

un pedacito de jengibre fresco (del tamaño de una nuez)

salsa de soja

100 ml de vinagre de arroz (½ vaso)

100 ml de *sake* (½ vaso)

100 ml de *mirin* (½ vaso)

agua mineral

cebollino fresco

aceite 0ve

1 En una olla exprés con un poco de aceite, disponemos la papada entera, el ajo (pelado), el puerro troceado (reservamos un trozo), la cebolla y la zanahoria, también peladas y cortadas, la mitad del jengibre rallado y un poco de salsa de soja.

2 Lo salteamos durante unos minutos y lo cubrimos con agua mineral. No añadimos sal. Tapamos la olla y lo hervimos 1 hora a fuego bajo.

3 Calentamos el caldo de pollo en otra olla. Cuando hierva, añadimos el alga *kombu* troceada, retiramos la olla del fuego y la tapamos. Dejamos que repose así 30 minutos.

4 Abrimos la olla exprés, retiramos la papada y colamos el caldo. Disponemos dos cucharones en un cazo y hervimos con ellos los huevos durante unos 7 minutos (tienen que quedar un poco crudos).

5 Picamos un ajo y el resto de jengibre, y los salteamos en una cazuela con un poco de aceite. Pasados 2 minutos, agregamos el *sake*, el *mirin* y el vinagre de arroz, y dejamos que se evaporen los alcoholes.

6 Añadimos el caldo de pollo sin el *kombu*, el caldo de la olla exprés y unas rodajas finas de puerro. Lo calentamos y, cuando hierva, cocemos los fideos durante 3 o 4 minutos.

7 Retiramos los huevos, los enfriamos bajo el agua y los pelamos. Cortamos la papada a láminas gruesas, quitándoles la piel. Lavamos el pimiento y lo cortamos a rodajas finas.

8 Montamos los platos: servimos a cada uno dos cucharones de sopa con fideos, un huevo partido por la mitad, pimiento, unos trozos de papada y cebollino picado por encima. Oishii!

El ramen *es una especie de sopa castellana a la japonesa.*

LOS FIDEOS UDON SE ELABORAN CON HARINA DE TRIGO Y SON MUY GRUESOS.

TALLARINES AL CURRI

El curri, tal y como lo conocemos aquí, es una mezcla de especies en polvo. Sin embargo, el curri original es una salsa a base de leche de coco y hierbas frescas, y es la que haremos aquí.

400 g de tallarines

jengibre fresco
(unos 8 cm)

raíz de cúrcuma
(unos 4 cm)

1 chile fresco

1 diente de ajo

1 clavo

1 estrella de anís

1 semilla de cardamomo negro

3 cardamomos verdes

1 lata de leche de coco

10-12 hojas de cilantro fresco

semillas de comino
(1 cucharadita de café)

hojas de perifollo fresco

aceite de coco
(1 cucharada de postres)

agua mineral

1 Preparamos el curri: pelamos y cortamos en *microbrunoise* el jengibre. Con unos guantes para no teñirnos los dedos, hacemos lo mismo con la cúrcuma. Pelamos el ajo, lo abrimos por la mitad a lo largo, extraemos el germinado central y lo picamos también.

2 Abrimos el chile, desechamos las semillas y lo picamos (¡solo si nos gusta el picante!).

3 Disponemos la cucharada de aceite de coco en una cazuela y agregamos todo lo que hemos picado. Mientras se calienta, troceamos unas hojas de cilantro y se las añadimos. Lo salteamos todo a fuego bajo.

4 Trituramos las semillas de comino y las agregamos. Rompemos la estrella de anís y el clavo, y los metemos en la cazuela. Hacemos lo mismo con el cardamomo negro y con los verdes.

5 Vertemos la leche de coco y una pizca de sal, y dejamos que se disuelva. Unos minutos después, ya lo podemos apartar del fuego y reservarlo.

6 Cocemos la pasta: disponemos agua en el fuego con un poco de sal y hervimos los tallarines tantos minutos como se indique en el paquete. Después, la colamos y la volvemos a dejar en la misma olla, que utilizaremos para mezclarla con la salsa.

7 Servimos los platos con hojas de perifollo por encima. ¡Brutal!

Esta receta de pasta con curri me la enseñó a hacer un amigo de Bangladés.

UN PLATO 100% VEGANO CON UNA SALSA TRADICIONAL HINDÚ.

MACARRONES ROSSINI

Después de la música, la gran pasión de Gioachino Rossini era la gastronomía. Su mejor aportación en este campo fue la introducción de sus dos ingredientes favoritos —el foie y la trufa— en todos los platos que solía comer.

400 g de macarrones frescos

1 pechuga entera

50 g de sal gris

100 g de *foie* de bodega

2 cebollas de Figueres

30 g de manteca

1 cabeza de ajos

1 cucharada de pasta de tomate

2 tomates de colgar

un trozo de queso trufado

100 ml de vino rancio

tomillo

tomillo cítrico

mejorana

romero

perejil

aceite Ove

sal

1 Disolvemos los 50 gramos de sal en 1 litro de agua y sumergimos en ella la pechuga entera. La dejamos así 30 minutos.

2 Cortamos las cebollas y las pasamos a una cazuela grande con una cucharada de manteca y un chorro de aceite. Las cocemos a fuego bajo hasta que estén blandas. Vertemos la mitad del vino rancio, dejamos que el alcohol se evapore y lo mantenemos con el fuego al mínimo.

3 Retiramos el pollo del agua y lo secamos. En una cazuela de acero inoxidable, lo salteamos a fuego vivo con un poco de aceite, el resto de manteca y la cabeza de ajos sin pelar, solo cortada por la mitad.

4 Transcurridos unos minutos, bajamos el fuego del pollo, agregamos un poco de tomillo, de perejil, de mejorana y de romero, y lo cocemos durante 10 minutos con la cazuela tapada. Giramos el pollo pasados los primeros 5 minutos.

5 Rallamos los dos tomates y colamos el zumo con un colador directamente dentro de la cazuela de la cebolla. Añadimos la cucharada de pasta de tomate y removemos. Dejamos que cueza 5 minutos.

6 Ponemos a hervir 4 litros de agua con un poco de sal y cocemos la pasta según la indicación del fabricante.

7 Subimos el fuego del pollo y agregamos el resto de vino rancio. Dejamos que el alcohol se evapore, bajamos el fuego, lo dejamos un par de minutos y retiramos el pollo. Colamos el líquido restante con el colador y lo pasamos a la cazuela del sofrito.

8 Cortamos el pollo a trozos pequeños. Lo agregamos a la cazuela del tomate y hacemos lo mismo con el *foie*. Dejamos que el *foie* se deshaga.

9 Colamos la pasta, la pasamos a la cazuela anterior y removemos. La servimos con tomillo cítrico y queso rallado por encima.

Para que la pasta no se pegue, hay que hervirla con 10 veces más agua que pasta: por 400 g de pasta, 4 litros de agua.

—— **¡LOS MACARRONES DE LOS AUTÉNTICOS *GOURMETS*!** ——

TABULÉ

Este plato es originario del Oriente Medio, probablemente del Líbano. La mezcla de menta fresca, cítricos y tomate lo hacen una comida perfecta para los días más calurosos, y además, es muy completo.

250 g de cuscús

4 tomates maduros

2 cebollas tiernas

3 limas

un pedacito de jengibre fresco (del tamaño de una nuez)

cilantro fresco

menta fresca

aceite Ove

sal

Para los ajos encurtidos

6 ajos tiernos

200 ml de vinagre de manzana (1 vaso)

200 ml de vino blanco (1 vaso)

1 hoja de laurel

azúcar (1 cucharada de postres)

aceite Ove

1 Preparamos el agua para hidratar el cuscús: calentamos un litro de agua mineral con unas hojas de menta, un trozo de cáscara de lima, el jengibre pelado y rallado y una pizca de sal. Cuando hierva, la retiramos del fuego y la dejamos reposar, tapada, 5 minutos.

2 Mientras tanto, escaldamos los tomates para que sea más fácil quitarles la piel, los pelamos y los cortamos a dados muy pequeños.

3 Colamos el agua del cuscús. Disponemos el cuscús en una fuente ancha y vertemos agua hasta que lo sobrepase medio dedo. Lo tapamos y dejamos que se hidrate.

4 Pelamos las cebollas y las cortamos a rodajas finas. Con los dedos, deshacemos las rodajas. Picamos hojas de cilantro y de menta (unas 10 de cada planta), lo disponemos todo en un cuenco grande, añadimos el tomate y mezclamos los ingredientes.

5 Transcurridos 5 minutos, removemos el cuscús con una espátula, procurando que quede suelto. Lo agregamos al cuenco anterior y volvemos a mezclarlo todo.

6 En otro recipiente, mezclamos un chorro de aceite con el zumo de una lima y un poco de sal. Añadimos esta mezcla al tabulé y volvemos a remover. Reservamos el tabulé en la nevera durante 1 hora.

8 Mientras tanto, hacemos los ajos encurtidos. Los pelamos, les cortamos la base y la parte más verde y, en un cazo, los cocemos a fuego bajo con aceite, el vino blanco y la hoja de laurel. Cuando hierva, agregamos el vinagre de manzana y el azúcar, y lo dejamos cocer a fuego bajo.

9 Transcurridos 10 minutos, los dejamos enfriar, los cortamos a trozos y los añadimos al tabulé. Servimos el tabulé frío.

Aunque el tabulé es libanés, este lo hemos hecho siguiendo el estilo marroquí.

ESTE PLATO ES 100% VEGANO Y FANTÁSTICO PARA LOS QUE COMEMOS DE TÁPER.

ARROZ A LA PIULA

Este arroz típico de la Costa Brava es un plato que hace verano. Además, incluye uno de los ingredientes estrella de esta zona, en concreto, de L'Escala: las anchoas.

400 g de arroz bomba

750 ml de *fumet* de pescado de roca

8 filetes de anchoa

colatura o esencia de anchoa (2 cucharadas)

10 tirabeques

2 tomates de colgar

1 cebolla

1 diente de ajo

200 ml de vino blanco (1 vaso)

alcaparras (1 cucharada)

perejil fresco

orégano fresco

pimienta negra

aceite Ove

sal

Otros

pan para acompañar

1 Ponemos agua a hervir en un cazo. Abrimos el ajo y le sacamos el germinado central. Cuando el agua hierva, escaldamos en ella los tomates y el ajo. Los retiramos, cortamos la cocción sumergiéndolos en agua helada y pelamos los tomates.

2 Con la batidora eléctrica, trituramos el ajo y los tomates con el vino blanco y unas hojas de perejil.

3 En una cazuela, calentamos el *fumet*. Mientras tanto, lavamos los tirabeques y los cortamos en cuatro trozos.

4 En una sartén de hierro muy ancha, tostamos un poco el arroz con un chorro de aceite y una cucharada de aceite de las anchoas. Pasados unos minutos, agregamos el tomate, los tirabeques y la colatura, y removemos. Añadimos el orégano fresco.

5 Cuando el *fumet* hierva, lo vertemos en la sartén del arroz. Removemos una vez y lo dejamos cocer sin tocarlo durante 10 minutos.

6 Mientras tanto, encendemos el horno. Cortamos la cebolla a plumas y la salteamos en una sartén con un poco de aceite. Una vez hecha, la distribuimos sobre el arroz. Agregamos las alcaparras y metemos la sartén tal cual en el horno durante 4 minutos a la máxima potencia.

7 Retiramos la sartén del horno y la dejamos reposar 2 minutos, tapada con un trapo. Añadimos los filetes de anchoa y una pizca de pimienta negra.

8 Nos comemos el arroz a la piula a cucharadas directamente de la sartén y acompañándolo de rebanadas de pan. ¡Brutal!

La colatura *o salmorra de anchoa* es una salsa que se obtiene de la maduración de las anchoas. La llaman «el garum moderno» porque está muy relacionada con esta antigua salsa romana.

UNA VEZ COCIDO, ESTE ARROZ DEBE QUEDAR SECO Y SUELTO.

ARROZ CON COLIFLOR

Sabemos que la coliflor no despierta pasiones, especialmente entre los niños. Por eso, este arroz es una buena manera de reconciliarnos con ella: ¡cocinada así, está buenísima!

350 g de arroz

150 g de coliflor

1 l de agua

2 cebollas de Figueres

4 filetes de anchoas

1 diente de ajo

1 chile fresco

briznas de azafrán

100 ml de vino rancio (un chorro)

cebollino fresco

pimienta blanca

aceite Ove

sal

1 Preparamos las verduras: pelamos las cebollas y las cortamos en *brunoise*. Pelamos y picamos el ajo, y partimos la coliflor en ramilletes. Lavamos los ramilletes con agua y los secamos con un trapo.

2 Doramos las verduras en una sartén con un poco de aceite, empezando por la cebolla. Transcurridos unos minutos, añadimos el ajo y la coliflor. En una cazuela aparte, ponemos a calentar el agua indicada.

3 Cuando la cebolla empiece a estar dorada, vertemos el vino rancio y dejamos que se evapore el alcohol.

4 Cortamos el chile también en *brunoise* y lo agregamos a la sartén. Removemos de vez en cuando.

5 Echamos todo el arroz a la sartén y removemos. Enseguida, cortamos los filetes de anchoa muy pequeños y los agregamos.

6 En una sartén pequeña y sin aceite, tostamos el azafrán durante un par de minutos. Lo incorporamos a la sartén y vertemos el agua, que tiene que estar hirviendo. Lo salpimentamos y lo dejamos cocer a fuego medio durante 14 minutos.

7 Echamos cebollino picado por encima y servimos la sartén en la mesa: comemos el arroz con cuchara, directamente de la sartén.

La coliflor es rica en fibra, baja en calorías y nos aporta vitaminas, minerales, antioxidantes y principios activos.

SI QUEREMOS HACER EL PLATO 100% VEGETARIANO, SOLO TENEMOS QUE ELIMINAR LAS ANCHOAS.

FIDEOS A LA CAZUELA

Los fideos a la cazuela son uno de esos platos que nos preparaban nuestras abuelas y que devorábamos de pequeños... Lo tienen todo: son completos, buenísimos y nos calientan en invierno.

2 l de caldo de pollo

500 g de fideos gruesos

200 g de costilla de cerdo

200 g de salchicha delgada

1 pechuga

3 tomates de colgar

2 tomates pera

2 cebollas de Figueres

1 pimiento verde italiano

100 ml de vino blanco (½ vaso)

100 ml de vino rancio (½ vaso)

1 diente de ajo

1 hoja de laurel

romero fresco

tomillo fresco

pimienta negra

aceite Ove

sal

1 Salpimentamos la costilla de cerdo y cortamos la salchicha a trozos. Las pasamos a una cazuela ancha con un poco de aceite y las freímos a fuego medio. Removemos de vez en cuando.

2 Pelamos la cebolla y la cortamos en *brunoise*. Abrimos el pimiento, retiramos las semillas y lo cortamos también en *brunoise*. Pelamos y picamos el diente de ajo. Retiramos la carne de la cazuela y disponemos en ella estos tres ingredientes.

3 Los cocemos a fuego medio durante 10 minutos. Agregamos el vino blanco y dejamos que se evapore el alcohol. Añadimos el tomillo, el laurel y el romero, y lo dejamos cocer 5 minutos más.

4 Vertemos el vino rancio y removemos. Pelamos los tomates de colgar, los rallamos y los añadimos también. En un cazo aparte, calentamos el caldo.

5 Volvemos a dejar la carne en la cazuela, bajamos el fuego y lo dejamos cocer 5 minutos. Echamos los fideos y los doramos un poco. Transcurrido un minuto, vertemos el caldo caliente y dejamos que hierva todo junto 8 minutos.

6 Cortamos la pechuga a trozos y, cuando falten 3 minutos para terminar la cocción, la añadimos.

7 Preparamos el tomate *cassé*: cortamos los tomates pera a dados pequeños y los mezclamos con unas hojas de tomillo picadas y un poco de aceite.

8 Servimos los fideos a la cazuela calientes con dos cucharadas de tomate *cassé* por encima.

La pasta es uno de los alimentos más populares del mundo. Es económica, nutritiva y muy fácil de cocinar.

UN PLATO ÚNICO DE CUCHARA MUY INDICADO PARA DEPORTISTAS.

ARROZ A LA CUBANA

¿Eres de los que creen que el arroz a la cubana es un plato de arroz blanco con tomate frito? Pues aquí va una receta diferente, con sus frijoles y su punto crujiente gracias al plátano macho frito.

250 g de arroz redondo

300 g de alubias negras ya hervidas

1 plátano macho

2 dientes de ajo

250 g de sofrito de cebolla y tomate

1 lima

1 chile fresco (opcional)

agua mineral

cilantro fresco

pimienta negra

aceite Ove

sal

OTRO PLATO VEGANO (SIEMPRE QUE NO AÑADAMOS HUEVO).

1 Preparamos el arroz: lo disponemos sobre un colador de malla metálica y sumergimos este en agua fría. Lo removemos con la mano para que pierda almidón y lo dejamos en remojo.

2 Pelamos los dientes de ajo y los cortamos por la mitad. En una cazuela con un poco de aceite, los cocemos a fuego bajo y los reservamos en la misma cazuela.

3 Pelamos y cortamos el plátano a rodajas, cuanto más delgadas, mejor. Las salpimentamos y las freímos con aceite muy caliente. Las colocamos sobre papel absorbente (que retiraremos enseguida para que el aceite no las ablande).

4 Volvemos al arroz y le cambiamos el agua. Volvemos a vaciar el recipiente, lo volvemos a llenar y removemos. Colamos el arroz, lo pasamos a la cazuela de los ajos y lo doramos un par de minutos a fuego vivo.

5 Vertemos agua mineral en la cazuela: necesitamos el mismo volumen de agua que de arroz. Echamos una pizca de sal y la tapamos. Subimos el fuego al máximo durante 2 minutos. Después, dejamos el fuego al mínimo y cocemos el arroz durante 13 minutos sin destaparlo ni remover.

6 Transcurridos los 13 minutos, retiramos la cazuela del fuego y dejamos reposar el arroz, sin destapar, 10 minutos más.

7 Calentamos, por un lado, el sofrito de cebolla y tomate (lo podemos hacer en el microondas) y, por el otro, las alubias negras con su zumo. Mientras tanto, picamos cilantro.

8 Colamos las alubias. Las mezclamos con el arroz y parte del plátano, y servimos los platos con el sofrito caliente encima. Los decoramos con el resto de rodajas de plátano y el cilantro, les rallamos un poco de piel de lima y, si nos gusta el picante, rematamos con chile fresco, cortado. ¡Listo!

¡El plátano macho, plátano verde, banano o hartón no es el de Canarias! Es un plátano grande y verdoso que hay que comer cocido porque crudo es muy indigesto.

TAJÍN DE VERDURAS CON CUSCÚS

El tajín, esta cazuela de barro con tapa cónica tan típica de los países magrebíes, permite cocinar los platos con el vapor que crea la propia cocción. Para hacerlo bien, debemos comer directamente del recipiente.

2 cebollas de Figueres

2 tomates

2 zanahorias

1 calabacín

1 chirivía

1 berenjena

1 patata

½ col

1 limón

250 g de cuscús

1 l de agua mineral

cúrcuma (1 cucharada de postres)

comino (1 cucharada de postres)

pimentón dulce (1 cucharada de postres)

pimienta negra (½ cucharadita de café)

un pedacito de jengibre fresco (del tamaño de una nuez)

1 clavo

1 diente de ajo

briznas de azafrán

perejil fresco

cilantro fresco

aceite Ove

sal

Otros

pan Batbout

1 Picamos las cebollas y las sofreímos en el tajín (tapado y a fuego bajo) con un poco de aceite durante 10 minutos.

2 Calentamos agua para escaldar los tomates: cuando hierva, los sumergimos en ella y los retiramos pasado 1 minuto. Los enfriamos con agua muy fría, los pelamos y los cortamos a dados pequeños. Los añadimos a la cebolla, tapamos el tajín y lo dejamos cocer 5 minutos más.

3 Mientras tanto, tostamos el azafrán en una sartén sin aceite y lo disponemos en un cuenco.

4 En ese mismo cuenco, exprimimos medio limón y añadimos todas las especies (el clavo, picado). También agregamos el jengibre rallado, un diente de ajo pelado y picado, hojas de perejil y de cilantro picadas, un chorro de aceite y un vaso de agua mineral.

5 Cortamos la berenjena en ocho cuartos longitudinales. Pelamos la chirivía y la cortamos del mismo modo. Pelamos las zanahorias y el calabacín y los cortamos en dos mitades longitudinales. Pelamos la patata y la cortamos en cuatro trozos. Cortamos la col en tres partes.

6 Disponemos todos los vegetales en el tajín formando un tipi (la tienda de campaña tradicional de los indios americanos). Los mojamos con la mitad del contenido del cuenco, vertemos en la base del tajín otro vaso de agua generoso, lo tapamos y lo ponemos a cocer 20 minutos.

7 Mientras tanto, hidratamos el cuscús en otro cuenco con 250 ml de agua. Con las manos, lo desgranamos para que quede suelto. Lo incorporamos a la base del tajín, alrededor de las verduras. Añadimos un poco de sal, el resto de la mezcla del cuenco y medio limón a rodajas. Tapamos el tajín, lo retiramos del fuego y lo dejamos reposar 5 minutos más.

8 Ya podemos servir los platos, a pesar de que el auténtico tajín se come directamente del recipiente y con las manos, utilizando trozos de pan Batbout a modo de cuchara.

En el tajín se pueden cocinar platos de carne, de pescado y, como en este caso, solo de verduras. También se pueden hacer preparaciones dulces.

CABALLA CON ALCACHOFAS

La caballa es un pescado con muchas ventajas: es económica, la encontramos todo el año, tiene poca espina (y la que tiene es fácil de retirar), y se puede hacer a la plancha, rebozada, guisada… ¡Merece la pena!

4 caballas limpias
y fileteadas

8 alcachofas

500 ml de *fumet*

5 chalotas

zumo de un limón

maicena (1 cucharada)

pimienta negra

aceite Ove

sal

1 Disponemos unos tres dedos de aceite en una cazuela y lo calentamos a fuego bajo. Mientras, limpiamos las alcachofas: arrancamos las hojas exteriores (las que son más duras) y les cortamos un poco la punta y la base.

2 Colocamos las alcachofas en la cazuela y las dejamos confitar a fuego muy bajo (unos 85° C) durante 45 minutos.

3 En un cazo, calentamos la mitad del *fumet* y añadimos el zumo de limón, sin semillas. En el resto de *fumet* disolvemos la cucharada de maicena en frío. Vertemos esta mezcla en el cazo y removemos hasta que espese.

4 Calentamos un poco de aceite en una sartén. Cortamos las chalotas a rodajas muy finas y las hacemos a fuego bajo hasta que queden transparentes.

5 Echamos una pizca de sal a los filetes de caballa y los disponemos en la misma sartén, con la piel hacia abajo. Les tiramos un poco de pimienta, vertemos el *fumet* caliente y los cocemos durante 3 minutos.

6 Montamos el plato: hacemos una cama con la salsa del *fumet*, disponemos la caballa encima, colocamos las alcachofas confitadas a los lados, rallamos un poco de piel de limón por encima y rematamos con cuatro hojas de perejil fresco. ¡Brutal!

Fumet *es la palabra catalana para designar el caldo hecho a base de pescado de roca, y se suele usar en paellas de marisco y platos de pescado guisado.*

LAS ALCACHOFAS TIÑEN LA PIEL, POR ESO ES MEJOR MANIPULARLAS CON GUANTES.

ROMESCADA DE CORVINA

La corvina es un pescado de carne dura pero sabrosa, que recuerda un poco la dorada. Su precio suele ser muy asequible y, si queréis un consejo a la hora de comprarla, elegid los ejemplares grandes: cuanto más grande, más buena es.

1 corvina de unos 2 kg

2 patatas

perejil

sal para curar el pescado

Para el *romesco*

2 tomates de colgar

1 cabeza de ajos

2 ñoras pequeñas

25 g de almendras

vinagre de jerez
(1 cucharada sopera)

150 ml de aceite Ove

½ cebolla de Figueres

4 vueltas de molinillo
de pimienta negra

2 rebanadas de pan
del bueno

sal

Para el *fumet*

agua mineral

1 puerro

1 hoja de laurel

1 zanahoria

2 hojas de *kombu*

1 Preparamos el *fumet*: En la olla exprés echamos las espinas y la cabeza de corvina, ya limpia (sin ojos ni agallas), y le añadimos el puerro y la zanahoria troceados, el laurel y las hojas de *kombu*.

2 Lo cubrimos de agua mineral fría, agregamos un pellizco de sal y lo hervimos durante 10 minutos. Lo dejamos reposar tal cual toda la noche.

3 Elaboramos el *romesco*: Asamos en el horno los tomates de colgar y la cabeza de ajos, los dejamos enfriar y, una vez fríos, los pelamos y los trituramos en la batidora eléctrica con el resto de ingredientes indicados para la salsa.

4 Preparamos el baño de sal para el pescado: Cortamos las supremas a trozos grandes y las sumergimos en una solución de agua con 100 g de sal por litro. Las dejamos 10 minutos en esta preparación, las retiramos y las secamos con papel de cocina.

5 Colamos el *fumet* y lo utilizamos para cocer las patatas en otra cazuela: las hervimos, cortadas pequeñas, durante 10 minutos.

6 Añadimos el pescado a la cazuela, tapamos y apagamos el fuego. Una vez cocido, agregamos el *romesco* y mezclamos, sacudiendo la cazuela por las asas.

7 Servimos la *romescada* de corvina caliente, decorada con hojas de perejil. ¡Buenísima!

La ñora o pimiento choricero es un tipo de pimiento seco de color granate y forma redondeada. Se utiliza mucho en Cataluña, pero también en la cocina levantina, especialmente en los arroces. Encontramos ñoras en el xató, *en el* romesco, *en la salsa de* calçots, *en los sofritos, en las picadas…*

EL *ROMESCO* ES LA SALSA MÁS FAMOSA DE LA PROVINCIA DE TARRAGONA.

SALMÓN CURADO CON ESPECIAS

El salmón es un pescado azul muy nutritivo y versátil. Curado de este modo (con azúcar y sal) se potencia su sabor y, además, ¡es facilísimo de hacer!

4 filetes de salmón
10 avellanas tostadas
1 diente de ajo
pimienta negra en polvo
nuez moscada en polvo
canela en polvo
champiñones Portobello
perejil fresco
aceite Ove

Para curar el salmón

1500 g de azúcar
750 g de sal fina
750 g de sal gruesa ahumada
2 limas
1 naranja
1 limón
jengibre fresco (un trozo grande)

1 Rallamos la piel de la naranja, el limón y las limas (solo la parte de color) y las mezclamos. Apartamos la mitad.

2 Hacemos la mezcla de sal y azúcar para curar el pescado: disponemos el 50% de azúcar, el 25% de sal gruesa y el 25% de sal fina junto con la mitad de la ralladura de los cítricos que hemos hecho antes. Añadimos la mitad del jengibre, también rallado (si está congelado es más fácil rallarlo).

3 Fileteamos el salmón y lo cubrimos con esta mezcla. Lo dejamos en la nevera 15 minutos.

4 Limpiamos los champiñones y los cortamos a cuartos. Picamos el ajo y el perejil.

5 Preparamos una vinagreta con el zumo de media lima, un poco de aceite, nuez moscada, canela, un poco de jengibre rallado, el resto de ralladura (reservamos un poco para decorar el plato) y añadimos una picada de avellanas y pimienta.

6 Retiramos el pescado de la nevera y lo limpiamos en un cuenco con agua mineral.

7 Calentamos el horno a 220° C, disponemos un papel sulfurado y colocamos encima el salmón con casi toda la vinagreta. Lo horneamos 6 minutos.

8 Salteamos los champiñones en una sartén y, en el último momento, vertemos la vinagreta que nos queda. Los distribuimos en los platos y añadimos el pescado.

9 Servimos el salmón con el ajo y el perejil por encima, y rematamos con un poco de ralladura de cítricos.

La conservación de alimentos en mezclas de sal y azúcar era un método muy utilizado en el pasado (cuando no había neveras) porque atrasan la aparición de bacterias y, en consecuencia, alargan la vida del producto.

ES PREFERIBLE COMER SALMÓN CON MENOR FRECUENCIA Y QUE SEA DE CALIDAD, ES DECIR, SALVAJE.

SARDINAS A LA *LLAUNA*

Este plato es un auténtico fast food *casero: se hace en 20 minutos y es ideal para cenar (en esos días que cocinar por la noche da taaaaanta pereza). Ah, las sardinas hechas así se conservan muy bien durante varios días en la nevera.*

1 kg de sardinas de la costa (las que vienen en salazón)

4 tomates

1 ñora

1 diente de ajo

1 lima

perejil fresco

100 ml de vino blanco (½ vaso)

100 ml de vino rancio (½ vaso)

agua mineral

pimienta negra

aceite Ove

sal

1 Hidratamos la ñora sumergiéndola en agua (si lo hacemos con agua tibia, 15 minutos son suficientes).

2 Retiramos las sardinas de la caja, les sacudimos la sal y las sumergimos en un cuenco con agua mineral fría. Las dejamos así 15 minutos.

3 Mientras tanto, escaldamos los tomates en un cazo con agua hirviendo, los pelamos y los cortamos a dados muy pequeños. Aprovechamos esa agua para escaldar también el diente de ajo, previamente pelado, abierto por la mitad y sin el germinado.

4 Disponemos el tomate en el vaso de la batidora eléctrica y agregamos el ajo, el vino rancio, el vino blanco y un buen chorro de aceite. Añadimos unas 10 o 12 hojas de perejil.

5 Abrimos la ñora, le raspamos la pulpa con una cuchara y la pasamos también al vaso de la batidora. Echamos un pellizco de sal y lo trituramos todo.

6 Retiramos las sardinas del agua y las secamos con papel absorbente. Encendemos el horno y lo ponemos a la máxima potencia.

7 Disponemos una lata como las que se utilizan para los caracoles y distribuimos por ella la mitad de la salsa.

8 Colocamos encima las sardinas, en orden cabeza, cola, cabeza, cola, y vertemos el resto de salsa por encima (si os gusta el picante podéis añadir una pizca de pimentón rojo de Espelette).

9 Las introducimos en el horno y las dejamos a 220º C durante 4 minutos. Las retiramos, les tiramos un poco de piel de lima rallada por encima y ya están listas para comer.

Las sardinas en salazón se encuentran todo el año: se pescan en verano y se conservan en una salazón corta, que solo hay que desalinizar dejándolas un rato en agua.

OTRA VENTAJA DE ESTE PLATO ES QUE LA CASA NO SE LLENA DE OLOR.

EMPEDRADO CON CABALLA

Este clásico mediterráneo es un plato muy completo porque lleva pescado y legumbres. En esta versión, vamos a sustituir el bacalao por caballa y le vamos a añadir un poco de rock'n'roll *en forma de avellanas.*

400 g de alubias del *ganxet* cocidas

1 tomate grande

1 lata de caballa

1 tallo de apio

1 cebolla tierna

1 hinojo

1 huevo

1 diente de ajo

huevos de caballa

vinagre de manzana

un puñado de avellanas tostadas sin sal

romero fresco (1 ramita)

briznas de azafrán

pimienta negra

aceite Ove

sal

1 Pelamos el tomate y lo abrimos. Le retiramos el corazón y las semillas, lo cortamos a dados pequeños y lo sumergimos en un cazo con aceite, el romero y un ajo aplastado. Disponemos el cazo en el fuego y confitamos el tomate a fuego muy lento durante 10 minutos (el aceite no debe llegar a hervir).

2 Cortamos la cebolla, el apio y el hinojo en *brunoise*. De este último, reservamos la parte superior más verde y la cortamos a rodajas.

3 En una sartén pequeña sin aceite, tostamos el azafrán durante un par de minutos. Lo pasamos al vaso de la batidora.

4 Apartamos el tomate del fuego, retiramos las hojas de romero y el ajo y lo colamos (podemos reservar el aceite para próximas ocasiones). Pasamos el tomate a un cuenco grande y lo mezclamos con el apio, la cebolla y el hinojo cortados.

5 Elaboramos una mayonesa con el huevo, un poco de sal, el azafrán, un chorrito de vinagre de manzana, los huevos de caballa y aceite echado a hilo.

6 Rompemos las avellanas en un mortero, dejando algunos trozos grandes.

7 Lavamos y escurrimos las judías. Las pasamos al cuenco y lo removemos.

8 Abrimos la lata de caballa, escurrimos el aceite y lo añadimos al cuenco. Agregamos también las avellanas y los huevos de caballa.

9 Servimos el empedrado frío, salpimentado y con unas rodajas de hinojo por encima. Servimos la mayonesa aparte.

La alubia del ganxet *ha obtenido la DOP (Denominación de Origen Protegida) concedida por la Unión Europea.*

LA ALUBIA DEL *GANXET* ES UN PRODUCTO TÍPICO DE LA COCINA CATALANA.

BACALAO CON GARBANZOS

Los garbanzos se han considerado históricamente un alimento de segunda categoría. Hoy sabemos que son auténticos tesoros nutricionales.

4 tripas de bacalao

4 trozos de bacalao
(filete, no morro)

400 g de garbanzos secos

hojas de hinojo

pieles de bacalao

harina de garbanzo para
enharinar

5 g de bicarbonato
(1 cucharadita de café)

agua mineral

pimienta negra en grano

aceite Ove

Para la picada

1 diente de ajo

10 avellanas

10 almendras

un puñado de piñones
(1 cucharada sopera)

perejil fresco

1 Dejamos los garbanzos en la nevera cubiertos con agua mineral y el bicarbonato disuelto en ella, durante 12 horas.

2 En la olla exprés, hacemos un caldo con dos litros y medio de agua mineral y las pieles y las tripas de bacalao, ya limpias y desaladas (hay que retirarles los filamentos).

3 Escurrimos los garbanzos y los hervimos con este caldo, previamente colado (¡reservamos las tripas!), durante 45 minutos. Cuando falten 10 minutos para acabar la cocción, cortamos las tripas y las incorporamos.

4 Mientras tanto, hacemos la picada: cortamos el ajo por la mitad, retiramos el germinado y lo escaldamos sumergiéndolo durante 1 minuto en el caldo de los garbanzos. Lo picamos en el mortero junto con el perejil y los frutos secos.

5 Echamos un poco de aceite en una cazuela y lo calentamos. Enharinamos los filetes de bacalao con la harina de garbanzo y los freímos ligeramente, sin que acaben de hacerse del todo.

6 En otra cazuela, vertemos el contenido de la olla (los garbanzos y las tripas con el líquido), y añadimos la picada. Echamos también un poco de pimienta negra molida y disponemos los cortes de bacalao encima. Lo dejamos a fuego bajo hasta que se acabe de cocer.

7 Servimos el plato con pimienta negra molida y unas hojitas de hinojo por encima.

La olla exprés es uno de esos enseres imprescindibles en la cocina: como cierra herméticamente, la cocción permite conservar todos los sabores y los nutrientes de la comida y, además, ahorrar energía.

LA HARINA DE GARBANZO ES APTA PARA CELÍACOS.

VENTRESCA DE ATÚN CON DOS SALSAS

El atún es un pescado azul que no debería faltar en una dieta omnívora: es saludable, digestiva y muy nutritiva. Además, es deliciosa y fácil de cocinar. En esta receta, la combinamos con una salsa agridulce y otra picante. ¡Brutal!

350 g de ventresca de atún en una pieza

Para el marinado

jengibre fresco (un trozo grande)

100 ml de salsa de soja

zumo de ½ limón

agua mineral

aceite de oliva suave o de girasol (½ vaso)

Para la salsa 1

1 diente de ajo

un pedacito de jengibre (del tamaño de una nuez)

75 g de kétchup

zumo de ½ limón

100 ml de aceite de sésamo

cebollino fresco

½ pimiento rojo

Para la salsa 2

mostaza de Dijon (1 cucharada)

1 yogur tipo griego

1 nabo *daikon*

50 g de nata para cocinar del 35% de grasa

100 ml de vinagre de arroz

eneldo fresco

zumo de ½ limón

1 Preparamos el marinado: en un recipiente de cristal, rallamos el jengibre y colocamos la pieza de atún encima. Añadimos el zumo de limón, la salsa de soja y el aceite. Dejamos también la cáscara del limón exprimido.

2 Lo cubrimos con agua mineral, tapamos el recipiente y lo dejamos marinar durante 6 horas en la nevera.

3 Elaboramos la salsa 1: Pelamos y escaldamos el ajo, le sacamos la parte central para evitar que repita después, y lo picamos fino. Pelamos y cortamos el jengibre, el cebollino y el pimiento rojo, y lo disponemos todo en un cuenco con el resto de ingredientes indicados para la primera sala: el kétchup, el zumo de limón y el aceite de sésamo. Lo mezclamos todo. Tiene que quedar con una textura espesa e irregular.

4 Preparamos la salsa 2: Rallamos el nabo en un bol, agregamos el eneldo picado y añadimos el resto de ingredientes indicados. Lo mezclamos todo. Esta salsa tiene que quedar parecida a una tártara.

5 Retiramos el atún del marinado y lo secamos con papel absorbente. Calentamos la plancha, disponemos un papel sulfurado sobre ella y hacemos una cocción suave a la ventresca por todas las caras, dejando el centro crudo.

6 Servimos la ventresca cortada a láminas gruesas y acompañada de las dos salsas para ir mojando los cortes. ¡Espectacular!

Cuando compramos pescado fresco, tenemos que fijarnos en los ojos (no deben estar hundidos), las branquias (tienen que ser rojas y tiene que costar abrirlas), la piel (tiene que lucir brillante) y la carne (tiene que estar dura).

LA VENTRESCA ES LA PARTE MÁS MELOSA DEL PESCADO

PULPO *A FEIRA*

¡No hay que irse a Galicia para saborear un pulpo a feira de buena ley! Podemos hacer nosotros mismos este plato —que es una comida de fiesta, por eso se llama a feira— que las polbeiras cocinan siguiendo una receta centenaria.

1 pulpo rojo entero
5 l de agua mineral
1 hoja de laurel
1 cebolla de Figueres
1 kg de patatas gallegas
pimentón rojo picante
pimentón rojo dulce
aceite Ove
sal Maldon

1 Limpiamos el pulpo y le quitamos la porquería y la arena. Le retiramos también los ojos y el pico.

2 En una olla grande hervimos el agua con la hoja de laurel y la cebolla entera, pelada. Introducimos el pulpo haciendo tres espantadas, es decir: sumergiéndolo en el agua y retirándolo enseguida tres veces. La cuarta vez que entra en la olla ya lo dejamos dentro.

3 Lo hervimos 10 minutos por cada kilo que pese y después le daremos el mismo tiempo de reposo con el fuego apagado, procurando que quede con la cabeza abajo y las patas hacia arriba. Lo retiramos de la olla y lo dejamos enfriar en una bandeja en esa misma postura.

4 Pelamos y cortamos las patatas a rodajas regulares y las hervimos en el agua de cocción del pulpo durante 20 minutos.

5 Cortamos el pulpo a rodajas de entre ½ y 1 centímetro de grueso.

6 Para servir, utilizaremos un plato o tabla de madera, que empaparemos previamente con el agua de la cocción para que se impregne de su sabor.

7 Montamos el plato de la siguiente manera: hacemos una cama de patata, le echamos una pizca de sal Maldon, agregamos un buen chorro de aceite y colocamos encima las rodajas. Rematamos con el pimentón al gusto, más aceite y unas puntas de sal. ¡Hay que servirlo caliente!

El pulpo tiene la carne muy dura, por eso conviene ablandarlo a golpes para romper las fibras (de aquí viene la expresión «darle la del pulpo a alguien» o «caerle la del pulpo» para referirse a una paliza). Si lo compramos congelado, no tendremos que golpearlo.

EL PULPO *A FEIRA* (*POLBO Á FEIRA* EN GALLEGO) ES UN CLÁSICO ENTRE CLÁSICOS.

PULPO CON SALSA AMERICANA

Con este plato sorprenderéis amigos y familiares que estén avezados al pulpo clásico, es decir, a la gallega. Por cierto, la salsa, a pesar de que es típica de los Estados Unidos, se la inventó un chef francés….

4 patas de pulpo cocido
350 g de gambas rojas
cebollino fresco
cilantro fresco
aceite Ove
sal

Para la salsa

1 cebolla tierna
1 ñora hidratada
3 chalotas
2 tomates pera
½ litro de agua de cocción del pulpo
500 ml de *fumet* de pescado
tomate concentrado (3 cucharadas)
100 ml de coñac (½ vaso)
100 ml de vino blanco (½ vaso)
pimentón dulce

1 Asamos los tomates enteros y la ñora a la brasa (si no tenemos, los podemos asar en el horno). Una vez hechos, los dejamos enfriar.

2 Pelamos la cebolla tierna, las chalotas y el ajo y los cortamos en *brunoise*. Los sofreímos en la olla exprés sin tapar, con un poco de aceite.

3 Pelamos las gambas y reservamos las cabezas y los caparazones. Subimos el fuego de la olla exprés, vertemos el coñac y el vino, esperamos unos segundos y añadimos las cabezas y los caparazones.

4 Transcurridos unos minutos, echamos la ñora tal cual y lo cocemos todo a fuego medio. Removemos de vez en cuando para que no se pegue.

5 Cinco minutos después, incorporamos a la olla el tomate concentrado, el pimentón, el *fumet* y el tomate entero. Tapamos la olla y lo cocemos a fuego alto durante 20 minutos.

6 Mientras tanto, cortamos los camarones crudos, muy pequeños. Picamos también el cilantro y el cebollino.

7 Abrimos la olla y trituramos su contenido. Lo colamos con un colador de malla fina y, en una cazuela a fuego medio, lo reducimos hasta que tenga consistencia de salsa. Apagamos el fuego, la corregimos de sal e incorporamos las gambas cortadas.

8 Asamos las patas de pulpo a la brasa. Las giramos para que se hagan por todos lados (como el pulpo ya está cocido, con unos minutos es suficiente).

9 Servimos las patas de pulpo cubiertas con la salsa y hojitas de cebollino y de cilantro por encima.

La salsa americana auténtica se hace con bogavante o saltamontes, pero nosotros hacemos la versión low cost, *con gambas.*

LA SALSA AMERICANA TIENE UN GUSTO INTENSO Y UN POCO PICANTE.

CONGRIO GUISADO

El suquet *(guiso) es un plato típico de la cocina marinera catalana. Antiguamente era la comida de los pescadores, que lo hacían en las mismas barcas. Nosotros hemos seguido la receta original, la que ya sale en el famoso recetario medieval de Sent Soví.*

1 congrio entero ya limpio

1 cabeza de ajos

1 cebolla

4 clavos

125 g de almendras crudas largas

1,5 l de agua mineral

2 rebanadas de pan tostado

un pedacito de jengibre fresco (del tamaño de una nuez)

briznas de azafrán

perifollo fresco

pimienta negra

aceite Ove

sal

1 En un cuenco, cubrimos las almendras con 300 ml de agua mineral y las reservamos 24 horas en la nevera.

2 Trituramos las almendras con el mismo agua del remojo en la batidora eléctrica. Colamos la leche y la reservamos.

3 Preparamos el pescado. Con un buen cuchillo, realizamos tres cortes: el de la cabeza, que tiene que llegar hasta entrado el tronco (donde empieza a haber menos espinas), el del tronco, que debe medir unos 25 o 30 cm, y el de la cola, que será el más largo. El tronco, lo cortamos en cuatro trozos iguales, y los dejamos con piel.

4 Preparamos el *fumet*: Abrimos la cabeza de ajos por la mitad y la doramos en una olla con un poco de aceite. Pelamos la cebolla, clavamos los cuatro clavos en ella y la añadimos, entera, a la olla.

5 Agregamos a la olla la cabeza del congrio, sin ojos ni agallas, y la cola. Cuando empiece a volverse blanco, lo cubrimos con el agua y lo cocemos durante 25 minutos. Después, tapamos la cazuela y lo dejamos reposar 25 minutos más.

6 Tostamos el azafrán en una sartén sin aceite. Lo pasamos al vaso de batidora y vertemos en ella la leche de almendra. Añadimos el pan tostado, un poco de sal y el jengibre rallado, y lo reservamos.

7 Retiramos el congrio de la olla y le despegamos los trocitos de carne, limpios de espinas y piel. Los incorporamos a la batidora y lo trituramos todo junto.

8 En una cazuela, vertemos la mezcla anterior y unos 250 ml de *fumet*, previamente colado.

9 Salpimentamos los trozos de congrio y los salteamos en la plancha. Una vez marcados por ambos lados, los añadimos a la cazuela anterior y lo dejamos cocer a fuego bajo 5 minutos. Servimos el congrio cubierto de salsa y un poco de perifollo por encima.

El congrio es un pescado alargado y pareciendo a una anguila. Su carne es firme y sabrosa, fantástica para guisos.

EL CONGRIO ERA UN PESCADO TÍPICO DE CUARESMA.

LENGUADO A LA *MEUNIÈRE*

El lenguado a la meunière era el plato estrella del menú de Rick's Café Américain, el mítico local que Humphrey Bogart regentaba en Casablanca. ¡Con esta maravilla, París sí que puede esperar!

4 lenguados con piel

un manojo de espárragos verdes

100 g de mantequilla

1 limón

perejil fresco

harina para enharinar

aceite Ove

sal

1 Disponemos una cazuela con agua y una cucharada de sal en el fuego. Lavamos los espárragos y les cortamos un buen trozo de la base, que descartamos. Con un pelador, retiramos la piel más superficial para que queden tiernos una vez cocidos. Cuando el agua hierva, los escaldamos durante 45 segundos y los escurrimos.

2 Escamamos los lenguados y les retiramos la tripa y la cabeza (si lo hacen en la pescadería, que no les quiten la piel). Salamos los lenguados, los enharinamos y, sacudiéndolos suavemente, hacemos caer el exceso de harina.

3 En una sartén grande colocamos toda la pieza de mantequilla excepto un trozo (un par de cucharadas) y la fundimos a fuego bajo, vigilando que no se queme.

4 Disponemos los lenguados en la sartén con la parte blanca hacia arriba. Los cocemos hasta que las espinas dorsales se separen (entre 3 y 5 minutos). Los giramos y los cocemos 2 o 3 minutos más. De vez en cuando, les echamos una cucharada de la mantequilla de la sartén por encima. Los retiramos.

5 Colamos el líquido que ha quedado en la sartén. Lo pasamos a un cuenco y añadimos el zumo de medio limón, unas hojas de perejil picadas y una cucharada de mantequilla fría. Removemos hasta que la salsa quede ligada.

6 En la misma sartén, disponemos una cucharada de mantequilla y salteamos los espárragos a fuego vivo.

7 Servimos el lenguado con los espárragos y la salsa por encima. Echamos un poco de perejil para rematar.

P ara saber si un espárrago está fresco, dobladlo: si se rompe haciendo «crac», es que está fresco.

UN CLÁSICO DE LA COCINA FRANCESA *VINTAGE* MÁS FINA.

CIMITOMBA DE RAPE

El cimitomba *es un guiso de pescado típico de los pueblos marineros de la provincia de Girona. Como sucede con el* marmitako, *tiene el origen en las comidas que elaboraban los pescadores en los barcos.*

1 rape limpio y troceado

la cabeza y las espinas del rape

1,5 l de agua mineral

4 patatas

4 dientes de ajo

3 cebollas de Figueres

1 zanahoria

1 puerro

harina de trigo

pimentón (1 cucharadita de café)

salicornia fresca

aceite Ove

sal

ESTE GUISO SE SUELE HACER CON PESCADOS COMO RAPE, BEJEL, BACALAO, CONGRIO, RAYA, ARAÑA…

1 Preparamos el caldo de pescado: En una olla, disponemos una cebolla, las zanahorias y el puerro, todo previamente pelado y troceado, y las espinas y la cabeza de rape (sin dientes, agallas ni ojos). Añadimos un chorro de aceite y un poco de sal, lo cubrimos con agua mineral fría y lo hervimos a fuego lento durante 25 minutos. Lo dejamos reposar con el fuego apagado 25 minutos más.

2 Mientras, salamos los trozos de rape y los enharinamos. En una cazuela con aceite, los freímos sin que acaben de hacerse (deben quedar crudos por dentro), y los reservamos sobre papel absorbente para que suelten el aceite.

3 Cortamos a plumas las otras dos cebollas. Colamos el aceite que ha quedado en la cazuela, lo volvemos a poner y, cuando esté muy caliente, lo usamos para hacer «bailar» tres ajos cortados a láminas. Cuando estén dorados (no tostados), añadimos la cebolla y la cocinamos a fuego mínimo hasta que quede rubia. Lo reservamos en la misma cazuela.

4 Rompemos las patatas a trozos pequeños con la ayuda del cuchillo y las agregamos a la cazuela. Añadimos también el pimentón y lo cocemos 5 minutos, removiendo de vez en cuando.

5 Vertemos el caldo colado (si ha salido mucho, no hay que echarlo todo) y lo hervimos a fuego bajo 20 minutos. Si nos gusta muy caldoso, agregamos más.

6 Mientras hierve, preparamos un alioli en el mortero, solo con ajo y aceite (no pasa nada si se nos corta, en este caso es mejor).

7 Incorporamos los trozos de rape a la cazuela (en lo alto), y la sacudimos con energía cogiéndola por las asas para mezclarlo todo.

8 Vertemos el alioli por encima y lo removemos. Añadimos la salicornia y servimos el plato caliente.

La salicornia es una planta que vive cerca del mar, de ahí su sabor ligeramente salado. Antiguamente, en Cataluña, se la denominaba «ensalada de pobre».

SARDINAS EN PAPILLOTE

La sardina, que tradicionalmente se ha considerado una comida de pobres, es en realidad muy rica: contiene calcio, hierro y yodo, muchas proteínas y ácidos grasos omega-3. Si la hacemos al horno en lugar de frita, es todavía más saludable.

16 sardinas

2 tomates pera

6 dientes de ajo

una pizca de azúcar

pimienta negra

pimiento verde picante encurtido

pan seco (un buen trozo)

perejil fresco

aceite Ove

sal

1 Disponemos los ajos y los tomates tal cual sobre una bandeja y los introducimos en el horno a 180° C. Los asamos: los tomates necesitan 15 minutos y los ajos, 30.

2 Limpiamos y escamamos las sardinas. Tenemos que retirarles la tripa y la cabeza. Les separamos los dos filetes, procurando que no se rompan.

3 Rallamos el trozo de pan seco con un rallador. Lo pasamos a una sartén con un poco de aceite y lo disponemos en el fuego, al mínimo.

4 Mientras se calienta el pan, preparamos el tomate asado: separamos la pulpa de la piel, la cortamos y la pasamos a la sartén anterior. Removemos. Pelamos los ajos y los picamos muy pequeños (si nos gusta, también los podemos dejar enteros y con piel). Los añadimos también a la sartén, con una pizca de azúcar. Cuando el pan empiece a tostarse, retiramos la sartén del fuego.

5 Cortamos un trozo de papel de horno y lo disponemos sobre la mesa. Echamos un poco de aceite y untamos con este todo el papel. vertemos el contenido de la sartén y distribuimos las sardinas encima. Acabamos con unas rodajas de pimiento verde picante (¡si nos gusta, está claro!) y unas hojas de perejil. Cerramos el fardo y lo introducimos en el horno, a 180° C durante 3 minutos.

6 Montamos los platos: disponemos la mezcla de pan en la base y las sardinas encima, añadimos pimienta negra, unas gotas de aceite y más hojas de perejil, y a mesa. ¡Brutal!

La cocción en papillote mantiene la humedad del producto porque lo cuece en su propio vapor.

ALGUNOS MÉDICOS DE ÉPOCA ROMANA RECOMENDABAN CONSUMIR LAS SARDINAS PODRIDAS. ¡NO LO HAGÁIS!

MARMITAKO DE BONITO

El marmitako es un guiso de pescado típico de los pescadores vascos, que cocinaban en el barco las sobras de lo que pescaban. Los ingredientes principales son muy asequibles y el resultado es un plato brutal que ayuda a combatir el frío intenso del Cantábrico.

1 bonito cortado a lomos

4-6 patatas

2 ñoras

250 g de sofrito de cebolla y tomate

100 ml de vino blanco (½ copa)

1 hoja de laurel

2 pimientos verdes

1 chile fresco

3 dientes de ajo

1 l de caldo de pescado

pimienta negra

aceite Ove

sal

Para la mayonesa

1 huevo

albahaca fresca

vinagre

aceite Ove

sal

1 Hidratamos las ñoras (las ponemos en agua tibia) durante un rato.

2 Pelamos los dientes de ajo, los cortamos a láminas y los «hacemos bailar» (los ponemos a flotar en aceite) en una cazuela a fuego vivo. Cuando estén rubios, vertemos rápidamente el vino blanco y lo dejamos 1 minuto para que se evapore el alcohol.

3 Bajamos el fuego, añadimos el sofrito de cebolla y tomate y la hoja de laurel, y lo cocemos durante 5 minutos. Vamos removiendo.

4 Pelamos patatas y pimientos. Cortamos los pimientos, retiramos las partes blancas y las semillas y los cortamos a dados pequeños. Los pasamos a la cazuela con el sofrito. Rompemos las patatas con un cuchillo (cortamos pedazos arrancándolos), y también las agregamos. Lo cocemos todo unos 5 minutos con el fuego más fuerte, sin dejar de remover.

5 Secamos las ñoras, las abrimos y rascamos la pulpa con una cuchara. La añadimos a la cazuela. Vertemos el caldo y lo dejamos hervir, tapado, unos 25 minutos. Vamos pinchando las patatas para comprobar su estado.

6 Incorporamos el chile entero, un poco aplastado: esto nos dará un punto picante.

7 Aprovechamos estos 25 minutos para darle otro toque personal: una mayonesa de albahaca. En el vaso de la batidora, trituramos albahaca con aceite echado a hilo. Añadimos el huevo y un pellizco de sal, y seguimos batiendo mientras echamos más aceite. Finalmente, añadimos un poco de vinagre.

8 Incorporamos a la cazuela el bonito cortado a trozos medianos y bajamos el fuego. Paramos la cocción pasados 3 minutos.

9 Servimos el plato caliente, repartiendo patata y bonito a partes iguales, y con la mayonesa aparte.

LA PALABRA «MARMITAKO» VIENE DE MARMITA (SÍ, ESA OLLA GRANDE EN LA QUE CAYÓ OBÉLIX).

RODABALLO A LA LIMA

El rodaballo es un pescado de carne firme y muy fácil de cocinar; para hacerlo al horno solo hay que retirarle ojos y agallas, y cocerlo entero entre 10 y 15 minutos: en un santiamén tendremos un plato de pescado fantástico.

1 rodaballo

500 g de patatas

3 cebollas tiernas

200 ml de vino blanco (1 vaso)

1 pimiento verde

1 hoja de laurel

pimienta rosa en grano

aceite Ove

sal Maldon

Para la salsa

50 ml de vino blanco (un chorrito)

2 limas

2 dientes de ajo

un pedacito de jengibre fresco (del tamaño de una nuez)

albahaca fresca

perejil fresco

pimienta rosa en grano

aceite Ove

sal Maldon

1 Pelamos y cortamos las patatas y el pimiento a rodajas. Hacemos lo mismo con las cebollas.

2 Disponemos un papel sulfurado sobre una bandeja de horno y distribuimos en ella las rodajas de cebolla. Encima, colocamos las rodajas de pimiento y de patata (así evitamos que la cebolla se queme), y encendemos el horno.

3 Agregamos la hoja de laurel, echamos un chorro generoso de aceite y vertemos el vino, remojando los ingredientes. Lo salamos e introducimos la bandeja en la parte baja del horno. Lo cocemos a 180º C durante 20 minutos, con el horno encendido por arriba y por abajo.

4 Preparamos la salsa: Cortamos los ajos a láminas y los ponemos a «bailar» en una sartén con aceite caliente. Agregamos unos granos de pimienta rosa desmenuzada y el vino blanco, y lo dejamos freír todo hasta que los ajos estén dorados (retiramos la sartén del fuego antes de que se tuesten).

5 En un cuenco, rallamos la piel de las dos limas y le exprimimos el zumo. Cortamos las hojas de albahaca y de perejil y las incorporamos. Vertemos la mezcla de ajo y pimienta con su aceite, agregamos jengibre rallado y lo mezclamos todo.

6 Retiramos el pescado de la nevera y le practicamos tres cortes en diagonal en la parte superior. Lo salpimentamos de forma que la pimienta y la sal penetren en los cortes.

7 Retiramos la bandeja del horno y disponemos en ella el rodaballo. Echamos por encima el resto de vino blanco y la salsa, y volvemos a introducir la bandeja en el horno. Aumentamos la temperatura a 220º C y lo cocemos durante 10 minutos.

8 Servimos el rodaballo caliente. ¡Brutal!

El rodaballo es un pescado graso y por eso le van tan bien las limas: lo desengrasan y lo hacen más ligero.

LA PIEL DE ESTE PESCADO NO TIENE ESCAMAS Y ES MY SABROSA.

PIERNA DE CORDERO AL HORNO

El cordero es ahora el gran olvidado de nuestros menús, pero no siempre fue así: los libros de cocina antiguos, cuando hablaban de carne, se referían, por defecto, al cordero. ¡Y es que la oveja fue uno de los primeros animales domesticados!

1 pierna de cordero entera

4 kg de sal gruesa

14-18 patatas pequeñas

6 tomates de colgar

1 cabeza de ajos

1 rama de canela

1 rama de romero fresco

1 limón

50 ml de vino rancio (½ vasito)

1 hoja de laurel

manteca de cerdo

pimienta negra

cebollino

aceite Ove

Para la picada

10 nueces

briznas de azafrán

pimienta negra

sal

1 Disponemos un recipiente y vertemos sal para hacer una cama. Colocamos la pieza de cordero dentro y la cubrimos con el resto de sal. La reservamos así 1 hora en la nevera.

2 Transcurrida la hora, sacamos el cordero de la nevera y le retiramos la sal. Lo terminamos de limpiar bajo el agua del grifo y lo colocamos sobre una bandeja de horno cubierta con un papel sulfurado.

3 Con los dedos, lo untamos con manteca de cerdo y exprimimos el zumo de limón por encima. Vertemos también el vino rancio y añadimos un pellizco de pimienta. Agregamos a la bandeja la canela, el romero y el laurel.

4 Colocamos la bandeja en la parte baja del horno y la dejamos durante 2 horas a 150º C. La giramos cada media hora para que el cordero se cueza por todos lados.

5 Mientras tanto, en una sartén sin aceite tostamos las briznas de azafrán y hacemos una picada en el mortero con el azafrán tostado, las nueces, una pizca de sal y otra de pimienta.

6 Lavamos las patatas y los tomates. No los pelamos.

7 Cuando quede media hora para acabar la cocción, retiramos la bandeja del horno y añadimos las patatas enteras, los tomates cortados por el medio y la cabeza de ajos, también cortada en sentido horizontal. La volvemos a introducir en el horno.

8 Transcurrido el tiempo de cocción, retiramos la bandeja y servimos la pierna de cordero muy caliente con un poco de cebollino y la picada por encima. ¡Al ataque!

El cordero se sacrifica muy joven porque es entonces cuando la carne es más tierna y sabrosa. Es un alimento rico en proteínas, pero también en grasas saturadas, es decir, en colesterol. A la hora de comprarlo, debemos asegurarnos de que la carne esté roja y reluciente, y la grasa, blanca.

LOS BAÑOS DE SAL POTENCIAN EL SABOR DE LAS CARNES.

CAPIPOTA

Este plato es un guiso de ternera contundente pero poco graso. Su nombre catalán deriva de «cap» y «pota», es decir, cabeza y pata: la cabeza de ternera hervida y deshuesada, y la pata del animal. Es muy fácil de hacer pero requiere tiempo y cariño…

1 kg de *capipota* ya cocido

3,5 l de agua mineral

500 g de sofrito de tomate

1 l de caldo de carne

250 g de chorizo picante

10 guindillas de Ibarra

2 dientes de ajo

4 g de pimentón dulce
(1 cucharadita de café)

4 g de pimentón picante
(1 cucharadita de café)

1 chile fresco

1 hoja de laurel

8-10 hojas de menta fresca

100 ml de vino rancio
(½ vaso)

pimienta negra

aceite Ove

sal

Para la picada (30 g)

1 ajo escaldado

1 pastilla de chocolate negro

10 avellanas

10 almendras

5-6 hojas de perejil

sal

1 Lavamos el *capipota* y lo pasamos a una cazuela con 3 litros de agua mineral fría y la hoja de laurel. Ponemos la cazuela en el fuego y, cuando hierva, bajamos el fuego al mínimo y lo cocemos durante 15 minutos.

2 Mientras tanto, en una cazuela ancha (donde después irá todo el *capipota*) echamos un buen chorro de aceite y salteamos los ajos, aplastados y sin pelar, y el chile, cortado a rodajas y vacío por dentro.

3 Transcurridos 5 minutos, vertemos el sofrito de tomate y dejamos que cueza a fuego bajo 5 minutos más.

4 Colamos el *capipota* y lo pasamos a la cazuela con el laurel. A continuación, agregamos el chorizo cortado a rodajas (o a medias lunas) y lo cocemos 5 minutos más a fuego bajo. Lo removemos de vez en cuando.

5 Agregamos ¾ del caldo, los dos pimentones y el vino rancio. Sacudimos la cazuela para que no se pegue y la dejamos 30 minutos en el fuego, tapada (si vemos que el guiso queda seco, vertemos un vaso de agua mineral).

6 Elaboramos la picada en la batidora eléctrica con los ingredientes indicados y el caldo que habíamos reservado. Del ajo escaldado, retiramos previamente el germinado central. Una vez triturado todo, incorporamos la picada a la cazuela. Tapamos, apagamos el fuego y dejamos que repose.

7 Picamos la menta y abrimos las guindillas de Ibarra para retirar las semillas y las partes blancas. Cortamos las guindillas a rodajas y las añadimos, con la menta, a la cazuela. ¡Ya está listo para comer!

O *s contaré un secreto: esta receta se la he robado a mi madre.*

UN GUISO DE LOS DE NO PARAR DE MOJAR PAN.

CONEJO AL ESTILO INDIO

El conejo es un alimento bajo en colesterol en comparación con otros tipos de carne. Es un producto muy antiguo (se usaba mucho en la Edad Media) y muy versátil: lo podemos hacer estofado, asado, frito, guisado, en escabeche…

1 conejo cortado a trozos

400 g de arroz basmati

1 cebolla

100 g de nata para cocinar del 35% de grasa

1 clavo

3 bayas de cardamomo abiertas

un puñado de nueces

cilantro fresco

curri en polvo (1 cucharada de postre)

briznas de azafrán

vinagre de arroz

agua mineral

aceite Ove

Para el baño de sal y azúcar

500 g de sal

500 g de azúcar

1 Preparamos el baño: Mezclamos la sal con el azúcar y cubrimos con esta mezcla la base de un recipiente grande. Colocamos los trozos de conejo encima y los cubrimos con el resto, de forma que quede cubierto. Dejamos que macere unos 20 minutos en la nevera.

2 Retiramos el conejo de la sal, lo lavamos con agua y lo secamos. Calentamos un dedo de aceite en una cazuela y, cuando esté muy caliente, lo freímos a fuego medio. Lo retiramos y lo reservamos.

3 En la misma cazuela, echamos la cebolla previamente cortada en *brunoise* (si es necesario, añadimos otro poco de aceite), y la sofreímos.

4 Mientras tanto, en otra cazuela, hervimos el arroz con agua mineral (pondremos el mismo volumen de agua que de arroz) y un poco de sal. Lo tendremos, tapado, 15 minutos: 2 minutos a fuego muy vivo y 13 al mínimo, y después lo dejaremos reposar 2 minutos más con el fuego apagado.

5 En la cazuela donde tenemos la cebolla, agregamos un chorro de vinagre de arroz, el cardamomo y el clavo, y removemos de vez en cuando. Incorporamos el conejo, la nata y el curri, y lo cocemos 5 minutos más a fuego bajo.

6 En una sartén sin aceite, tostamos las briznas de azafrán durante un par de minutos. Las pasamos a un mortero y las picamos junto con el puñado de nueces. Añadimos la picada a la cazuela. Removemos y lo dejamos un par de minutos más.

7 Servimos el plato muy caliente, con el arroz en la base, las piezas de conejo encima, una buena cucharada de la salsa de la cazuela y un poco de cilantro picado para terminar. Muy oriental y muy… brutal.

No hay que volar hasta el subcontinente indio para comernos un buen plato oriental con el inconfundible aroma del curri y el arroz basmati.

¿SABÍAS QUE LOS ANTIGUOS EGIPCIOS YA USABAN LA SAL PARA CURAR Y CONSERVAR ALIMENTOS?

HAMBURGUESA IBÉRICA

Comer rápido no es sinónimo de comer mal: si la materia prima es de calidad, podemos preparar una comida buena, saludable y en poco tiempo. Y si lo queremos de lujo, como en este caso, podemos elaborar nosotros mismos el pan...

700 g de carne picada de lomo ibérico

100 ml de nata al 33% de grasa

100 g de miga de pan

2 claras de huevo

5-6 hojas de perejil

1 diente de ajo

1 pepino

1 tomate corazón de buey

pimienta negra

comino en polvo

aceite Ove

sal

Para hacer los panecillos

2 yemas de huevo

300 g de harina

7 g de levadura en polvo

azúcar glasé (1 cucharada)

25 g de mantequilla

150 ml de leche entera

aceite Ove

sal

1 Hacemos los panecillos: en un cuenco, batimos las yemas de huevo con el azúcar. Aparte, mezclamos los ingredientes secos (la harina, una pizca de sal y la levadura).

2 En un cazo, calentamos la leche con la mantequilla. Agregamos la mezcla a la harina y amasamos.

3 Añadimos las yemas y seguimos amasando hasta obtener una masa elástica. Hacemos una bola y la untamos con aceite. La envolvemos con papel film y la dejamos reposar 2 horas a temperatura ambiente.

4 Preparamos la carne: hacemos una picada con ajo y perejil, y le agregamos un pizca de sal, otra de comino y otra de pimienta.

5 En un cuenco, mezclamos la carne con las claras de huevo y añadimos la picada anterior. Remojamos la miga de pan con la nata y la agregamos a esta mezcla. Hacemos cuatro bolas iguales y las reservamos 1 hora en la nevera. Encendemos el horno.

6 Desenvolvemos la masa. Hacemos cuatro bolas y las introducimos en moldes redondos para panecillos untados con harina.

7 Introducimos los moldes en el horno y los cocemos 10 o 15 minutos a 220º C. A media cocción, pintamos los panecillos con un poco de leche.

8 Retiramos las bolas de carne de la nevera. Las aplastamos, echamos un poco de aceite y les damos forma de hamburguesa. Calentamos un poco de aceite en una plancha y las hacemos unos 5-7 minutos.

9 Retiramos los panecillos del horno y montamos las hamburguesas: disponemos una capa de láminas de pepino en la base, colocamos la hamburguesa encima, continuamos con el tomate a rodajas y acabamos con más pepino y la tapa del panecillo.

Una hamburguesa casera hecha con cerdo ibérico nada tiene que envidiar a la clásica burger de ternera.

LA HAMBURGUESA ES HEREDERA DEL FILETE DE HAMBURGO.

POLLO ASADO

El pollo asado conecta con nuestro niño interior y nos pone automáticamente de buen humor. Si, además, lo asamos nosotros en casa —ahora que ya no somos niños— y lo compartimos, el placer es todavía mayor.

1 pollo entero ya limpio
500 ml de caldo de pollo
30 cebolletas
3 cebollas de Figueres
tomate rallado crudo (2 cucharadas)
1 cabeza de ajos
½ limón
1 cucharada de manteca de cerdo
1 rebanada de pan
1 rama de canela
un puñado de piñones
un puñado de avellanas
vino rancio (un chorro)
brandi (un chorro)
ramillete de hierbas: tomillo, laurel y mejorana
perejil fresco
agua mineral
pimienta negra
aceite Ove
sal

1 Preparamos un baño de sal para el pollo: disponemos un recipiente grande y disolvemos en él 50 g de sal por cada litro de agua que vertamos. Sumergimos el pollo y lo reservamos en la nevera 1 hora.

2 Pelamos y picamos las cebollas de Figueres y las freímos en una cazuela grande con bastante aceite, primero a fuego vivo y después, muy bajo. Cuando estén de color marrón (pasará un buen rato), las retiramos.

3 Mientras tanto, pelamos las otras cebollas. En la cazuela anterior, echamos la manteca con un poco de aceite. Cuando se haya fundido, añadimos las cebolletas y dejamos que se doren. Las retiramos.

4 Retiramos el pollo de la nevera, lo secamos bien y lo marcamos en una cazuela a fuego vivo junto con una cabeza de ajos, cortada por la mitad y colocada cabeza abajo.

5 Mientras tanto, calentamos el caldo en una olla aparte.

6 Añadimos a la cazuela del pollo el zumo de medio limón, el tomate rallado, la cebolla picada, el ramillete de hierbas, la canela, el vino rancio y el brandi, y removemos.

7 Agregamos el caldo caliente y un vaso de agua mineral. Dejamos que cueza a fuego bajo durante 30 minutos. Removemos y giramos el pollo de vez en cuando.

8 Doramos los piñones en una sartén sin aceite. Cuando tomen color, los pasamos a la cazuela. En la misma sartén, echamos un poco de aceite y freímos la rebanada de pan.

10 Hacemos una picada con la rebanada, las avellanas y unas hojas de perejil. Lo agregamos a la cazuela junto con las cebolletas y removemos. Lo dejamos 10 minutos más.

11 Servimos el pollo con toda su salsa, la picada y unas hojitas de perejil por encima.

El pollo tiene que ser de buena calidad, a poder ser, ecológico. Una buena opción es el pollo de El Prat, reconocido con el sello europeo de IGP.

UN PLATO DE FIESTA QUE HIPNOTIZA A LOS PEQUEÑOS DE LA CASA.

COSTILLAR DE CERDO CON MOSTAZA

Las especies y las hierbas aromáticas son maravillosas, pero ojo: algunas tienen tanto carácter que, si las añadimos a comidas delicadas, enmascaran su sabor. Al cerdo, en cambio, le van bien, especialmente el romero y la mostaza.

1 costillar de cerdo

1 l de agua mineral

100 g de sal

200 ml de cava (1 vaso)

romero fresco

menta fresca

rúcula

aceite Ove

Para la salsa

2 cabezas de ajos

1 limón

mostaza de Dijon (1 cucharada de postre)

mostaza antigua (1 cucharada de postre)

salsa de soja (2 cucharadas soperas)

romero fresco

aceite Ove

1 Encendemos el horno a la máxima potencia. Colocamos las dos cabezas de ajos, tal cual, sobre una bandeja cubierta con una cama de sal. Introducimos la bandeja en el horno y asamos los ajos a 220° C durante 35 minutos.

2 Mientras tanto, preparamos el baño de sal para la tira de costilla. En un recipiente grande, mezclamos el litro de agua con los 100 g de sal y sumergimos en él la pieza de carne. La reservamos así en la nevera 30 minutos.

3 En un cuenco, elaboramos la salsa: Exprimimos el limón y mezclamos el zumo con la soja, las dos mostazas y un poco de aceite.

4 Cortamos la base a las cabezas de ajos y las presionamos para que salga la pulpa. La añadimos al cuenco. Picamos las hojas de romero muy pequeñitas y las agregamos (una cucharadita de café, aproximadamente).

5 Calentamos el cava en un cazo. Mientras tanto, retiramos la costilla del baño de sal y la secamos con papel de cocina.

6 Disponemos una bandeja de horno con parrilla en la parte superior y la cubrimos con papel sulfurado. Colocamos la pieza en la parte de la parrilla y la pintamos con la salsa que hemos preparado. Giramos la tira de costilla y la pintamos por la otra cara.

7 Vertemos el cava caliente en el fondo de la bandeja y añadimos hojas de romero.

8 Introducimos la bandeja en la parte baja del horno a 220° C durante 30 minutos. Transcurridos los primeros 15 minutos, giramos la carne para que se ase por el otro lado y la mojamos con el líquido del fondo de la bandeja.

9 Servimos el costillar con un poco del líquido de la cocción por encima, hojas de menta y rúcula.

La carne de cerdo aporta muchas proteínas y vitaminas del grupo B, y también buenas dosis de hierro.

EL CERDO ES UN PRODUCTO MUY PRESENTE EN LA COCINA TRADICIONAL CATALANA.

MAGRET DE PATO CON VINAGRETA

El magret es el pecho del pato macho que ha sido engordado para hacer foie. En contra de lo que pueda parecer, es relativamente moderno: lo puso en su carta un chef francés, André Daguin, allá por los años sesenta.

2 magrets de pato
tomillo cítrico
pimienta en grano
sal gruesa y sal fina
(para macerar)

Para la vinagreta

½ hinojo

2 tomates pimiento (los alargados)

1 cebolla morada

1 pepino

vinagre chardonnay

cebollino fresco

mostaza en grano
(2 cucharadas de postre)

zumaque en polvo
(1 cucharada de postre)

aceite Ove

Otras

barbacoa (también los podemos hacer al horno)

1 Preparamos un baño de sal para los magrets: Disponemos un recipiente fondo con una base de sal gruesa, colocamos los magrets encima y los cubrimos de sal. Los reservamos así durante 30 minutos en la nevera.

2 Preparamos la vinagreta: pelamos y cortamos en *brunoise* los tomates, el pepino, el hinojo y la cebolla. Lo pasamos todo a un cuenco grande, lo mezclamos y añadimos un buen chorro de aceite y otro de vinagre. Lo dejamos en la nevera para que macere.

3 Pasado un rato, añadimos el zumaque, la mostaza en grano, un poco de sal y otro de pimienta en grano. Lo mezclamos y lo reservamos.

4 Sacamos los magrets de la nevera y les retiramos la sal. Los lavamos con agua, los secamos y los cortamos de la siguiente manera: por el lado de la grasa, les hacemos cortes superficiales, en diagonal y cada 2 centímetros (esto lo hacemos para que entre la vinagreta).

Repetimos los cortes en la otra dirección, de forma que dibujen rombos.

5 Encendemos la barbacoa (o el horno para hacer a la brasa). Cuando esté muy caliente, marcamos los magrets por los dos lados, empezando por el lado de los cortes, un par de minutos por cara. Sin dejar que se enfríen, los envolvemos con una capa de papel sulfurado y otra de aluminio, y los dejamos reposar 5 minutos.

6 Mientras tanto, picamos unos tallos de cebollino y lo incorporamos al cuenco de la vinagreta.

7 Desenvolvemos los magrets y los cortamos a láminas como si fuera *sashimi*.

8 Lo servimos en una fuente: hacemos una cama con la vinagreta de hortalizas, colocamos la carne encima y acabamos con cebollino picado y unas hojas y flores de tomillo cítrico. Servimos el plato frío. Juzgad vosotros mismos…

UN PLATO QUE HACE VERANO GRACIAS AL ACOMPAÑAMIENTO DE HORTALIZAS FRÍAS CON VINAGRETA.

BISTEC TÁRTARO

Parece que el bistec o steak *tártaro fue un invento de los feroces jinetes tártaros de Mongolia, que colocaban los trozos de carne entre su caballo y la silla para desangrarlos y macerarlos antes de comérselos crudos.*

400 g de solomillo de vaca

3 chalotas

1 anchoa

4 yemas de huevo

10 pepinillos encurtidos

salsa Perrins (1 cucharada)

salsa mostaza
(1 cucharada)

alcaparras (2 cucharadas)

kétchup de calidad
(1 cucharada)

whisky (un chorrito)

1 chile fresco

pimienta negra

aceite Ove

sal

Para acompañar

hojas de lechuga

tostaditas

patatas fritas (opcional)

1 El día que compremos la carne, la congelamos cortada a láminas finas: de este modo nos será más fácil picarla después.

2 Retiramos la carne del congelador y la dejamos fuera unos minutos para que se temple. La picamos muy fina con un buen cuchillo (podemos hacerlo como si fuera en *brunoise*: primero a palitos y después, a dados muy pequeños).

3 Picamos también muy pequeñito los pepinillos, las chalotas, la anchoa y las alcaparras, y lo pasamos todo a un cuenco grande. Picamos también un trozo de chile al gusto, en función de si queremos el plato más o menos picante (¡probadlo antes!).

4 Agregamos al cuenco un buen chorro de aceite, la mostaza, el whisky, la salsa Perrins, un poco de pimienta negra y el kétchup, y lo mezclamos todo.

5 Batimos las yemas de huevo y las pasamos al bol. Añadimos la carne y lo terminamos de mezclar. Lo corregimos de sal.

6 Montamos el plato: podemos disponer el bistec tártaro directamente sobre el plato o hacer una base de ensalada. Lo servimos frío —si hace mucho calor, sobre un recipiente con hielo picado—, acompañado de unas tostaditas con mantequilla. ¡Rrwwwoooowrrrr!

Recordemos que la carne y el pescado que vamos a ingerir crudos deben ser previamente congelados.

EL PLATO POR EXCELENCIA DE LOS AMANTES DE LA CARNE CRUDA.

JARRETE DE TERNERA

Los asados son ideales para comer en familia o con amigos: son deliciosos e invitan a la celebración, sobre todo si llevamos la pieza entera a mesa. Y es que no hay fiesta sin buena comida ni buena comida sin fiesta.

1 jarrete entero con hueso

huesos de rodilla de ternera

1 pie de ternera

2 tomates pera

1 cebolla grande

1 zanahoria grande

1 chirivía

1 cabeza de ajos

1 ramillete de hierbas (mejorana, laurel, perejil)

tomillo fresco (aparte)

romero fresco

100 ml de vino rancio (1/2 vaso)

100 ml de vino tinto (1/2 vaso)

sal gruesa

sal fina

agua mineral

Otras

cordel

1 Calentamos el horno a 220º C. Colocamos los huesos y el pie de ternera en una bandeja y los tostamos durante 30 minutos.

2 Pelamos y cortamos a trozos pequeños la zanahoria, la cebolla, los tomates (les quitamos las semillas) y la chirivía. Partimos la cabeza en sentido horizontal. Lo añadimos todo a la bandeja cuando falten 15 minutos para terminar la cocción anterior.

3 Disponemos el contenido de la bandeja en la olla exprés, vertemos los dos vinos, el tomillo y el ramillete de hierbas, y dejamos que reduzca unos minutos. Después, lo cubrimos con agua mineral, tapamos la olla y lo cocemos durante 30 minutos.

4 Preparamos el jarrete: En un recipiente grande de cristal, mezclamos los dos tipos de sal a partes iguales y cubrimos con ellas la pieza de carne por completo. Dejamos que macere durante media hora (si hace calor, en la nevera).

5 Apagamos el fuego de la olla y la dejamos reposar, cerrada, unos 20 minutos más.

6 Retiramos la sal del jarrete, lo lavamos con agua y lo secamos. Colocamos la rama de romero sobre la pieza, y le enroscamos el cordel, dejando una distancia de 2 cm entre vuelta y vuelta. Lo tenemos que apretar un poco.

7 Calentamos una sartén de acero inoxidable y, cuando esté muy caliente, marcamos el jarrete por todos los lados. Encendemos nuevamente el horno.

8 Disponemos una bandeja y colocamos el jarrete en ella. Colamos el caldo resultante de la cocción de la olla exprés y lo añadimos.

9 Introducimos la bandeja en el horno y la dejamos 2 horas a 170º C, abriéndolo de vez en cuando para bañar el jarrete con la salsa de la bandeja.

10 Retiramos la bandeja del horno, cortamos el cordel y servimos el jarrete caliente.

ESTA PIEZA DE CARNE ESTÁ BUENÍSIMA ACABADA DE HACER Y TAMBIÉN AL DÍA SIGUIENTE.

CORDERO SIN ESFUERZO

Esta receta de cordero lleva tocino y un alimento estrella: las olivas, que equilibran la grasa de las carnes y hacen que el resultado sea mucho más ligero al paladar.

1 pierna de cordero entera deshuesada

250 g de aceitunas gordal

250 g de aceitunas de Kalamata

400 ml de agua mineral

150 g de tocino

2 cebollas tiernas

2 dientes de ajo

100 ml de vino rancio (½ vaso)

1 rama de romero fresco

salvia fresca

pimienta negra

aceite Ove

sal

Otros

cordel

1 Salpimentamos la pieza de cordero y la enrollamos sobre sí misma como si fuera un paquete. La atamos con el cordel para que no se abra durante la cocción, procurando que cada vuelta de cordel quede a unos 2 centímetros de la anterior.

2 Calentamos un poco de aceite en una cazuela o una sartén honda. Cuando esté muy caliente, marcamos la pieza por todos los lados y la reservamos. Cortamos el tocino a trocitos y lo freímos en la misma cazuela, a fuego medio y removiendo de vez en cuando.

3 Pelamos y cortamos las cebollas, y las añadimos a la cazuela. Hacemos un ramillete con la salvia y el romero (atamos las hierbas con el cordel para que no se desperdiguen por el plato), y lo añadimos también. Incorporamos los ajos previamente aplastados pero con la piel, y el vino rancio. Lo dejamos unos minutos para que el alcohol se evapore.

4 Agregamos las aceitunas (podemos añadir también un poco de su líquido), el cordero y el agua. Cuando empiece a hervir, tapamos la cazuela y lo cocemos unos 30 minutos a fuego lento.

5 Retiramos la pieza de cordero y le cortamos el cordel. La cortamos a rodajas gruesas y comprobamos que la carne está hecha por dentro. Probamos la salsa que ha quedado en la cazuela, la rectificamos de sal si hace falta y servimos el cordero en una bandeja: vertemos la salsa en la base y el cordero encima. Ya está. No me diréis que no es fácil…

Las aceitunas de Kalamata son originarias del Peloponeso, donde se encuentra la ciudad que lleva este nombre. Son alargadas, de color morado oscuro y de sabor suave, y cuentan con la Denominación de Origen Protegida. Quedan buenísimas en ensalada y también en platos de carne asada como este.

YO LO LLAMO CORDERO SIN ESFUERZO PORQUE SE COME MUY FÁCILMENTE, YA QUE NO HAY NI UN HUESO.

CONEJO A LA *ROYALE*

El conejo a la royale *(o a la cazadora) es un plato típico de montaña que requiere tiempo y vino. Cuando os animéis a hacerlo, recordad que el marinado y la picada son el secreto del plato.*

1 conejo entero

50 ml de vino rancio (un chorro)

3 puerros

2 pastillas de chocolate negro

6 avellanas tostadas

1 rebanada de pan

mantequilla (2 cucharadas)

harina

cebollino

aceite Ove

sal

Para el marinado

500 ml de agua mineral

200 ml de vino rancio (1 vaso)

1 botella de vino tinto

1 limón

1 cabeza de ajos

1 zanahoria

1 cebolla de Figueres

1 ramillete de tomillo, laurel y romero

4 bolitas de enebro

pimienta negra

aceite Ove

1 Preparamos el marinado: Pelamos y cortamos en juliana la cebolla y la zanahoria. Cortamos la cabeza de ajos por la mitad y pasamos estos ingredientes a un cazuela con un poco de aceite, añadimos el enebro chafado y el ramillete de hierbas, y lo salteamos todo a fuego vivo.

2 Transcurridos 5 minutos, vertemos el vino rancio y una pizca de pimienta. Dejamos que se evapore unos segundos y añadimos medio vaso de agua fría. Retiramos la cazuela del fuego.

3 Cortamos el conejo a trozos separándole el corazón, el hígado, los riñones y la cabeza. Pasamos la carne a un recipiente grande y agregamos el vino tinto, el zumo de medio limón y todo el contenido de la cazuela. Tapamos y lo reservamos en la nevera un día entero.

4 Pelamos los puerros y los envolvemos con papel de horno, con un poco de aceite, sal y tomillo. Los asamos al horno durante 25 minutos a una temperatura de 220° C.

5 Separamos el conejo y pasamos el marinado a una cazuela. Lo reducimos a fuego bajo.

6 Preparamos la picada: En una sartén con un poco de aceite, salteamos a fuego vivo la cabeza, el corazón y las vísceras. Echamos un chorro de vino rancio y una vez evaporado lo pasamos todo a la batidora eléctrica.

7 En la misma sartén, freímos el pan. Lo añadimos a la batidora junto con las avellanas, el chocolate y un diente de ajo pelado. Lo picamos todo.

8 Enharinamos los trozos de conejo y los freímos con aceite caliente en otra sartén. Los reservamos sobre papel absorbente.

9 Colamos el marinado y lo mezclamos con la picada. Lo devolvemos a la cazuela, incorporamos el conejo, agregamos la mantequilla fría y lo cocemos 5 minutos.

10 Cortamos los puerros a rodajas. Montamos los platos con el conejo, la salsa, el puerro y un poco de cebollino picado.

ROSBIF CON PIÑONES

La cocina del Reino Unido no goza de muy buena fama, pero tiene excepciones gloriosas: una de ellas es el rosbif, la comida oficial de los domingos, que se puede servir caliente o fría (al día siguiente, en sándwiches, también está espectacular).

1 lomo bajo de vaca

2 limones grandes

150 g de piñones

100 ml de whisky (½ vaso)

100 ml de vino rancio (½ vaso)

4 dientes de ajos

1 hoja de laurel

romero fresco

menta fresca

perejil fresco

2 l de agua mineral

mantequilla (2 cucharadas)

salsa de mostaza (2 cucharadas de postre)

pimienta negra

azúcar

aceite Ove

sal

ESTE ROSBIF TIENE UN AIRE MEDITERRÁNEO GRACIAS A LOS PIÑONES Y LA MENTA.

1 En un recipiente grande, disolvemos 50 g de sal por litro de agua y sumergimos la pieza de carne en esta solución de forma que quede cubierta. La dejamos durante 12 horas.

2 Transcurrido este tiempo, retiramos la carne y la secamos. Calentamos un poco de aceite en una sartén y la marcamos a fuego vivo por todos lados.

3 Cuando veamos que la superficie del lomo está hecha (aproximadamente 1 centímetro de grueso), vertemos los alcoholes en la sartén y dejamos que se evaporen durante 1 minuto. Apagamos el fuego y lo reservamos.

4 Encendemos el horno. En una bandeja, disponemos la mantequilla, dos cucharadas soperas de aceite, la hoja de laurel, el romero, los dientes de ajo previamente aplastados pero sin pelar, la pieza de carne y el líquido que ha quedado en la sartén. Introducimos la bandeja en el horno y lo asamos durante 5 minutos a 200° C.

5 Rallamos un poco de piel de limón y exprimimos el zumo de los dos limones. Lo mezclamos con la piel rallada.

6 Abrimos el horno, giramos la carne, la mojamos con el zumo de limón y la asamos 3 minutos más a 200° C. Retiramos la bandeja del horno y la reservamos.

7 Dejamos aparte la pieza de carne y colamos el contenido de la bandeja. Lo pasamos al vaso de la batidora eléctrica, añadimos la mitad de los piñones, las dos cucharadas de mostaza, una pizca de azúcar y unas hojas de menta y de perejil, y lo batimos todo como si fuera una mayonesa.

8 Cuando la pieza de carne esté fría, la envolvemos con papel film, presionando un poco para compactarla, y la reservamos durante 1 hora en la nevera.

9 Retiramos la carne de la nevera, la desenvolvemos y la cortamos a láminas finas. Disponemos los cortes en una bandeja, vertemos la salsa por encima y acabamos con los piñones que nos quedaban. Rallamos un poco de piel de limón por encima y echamos cuatro hojas de menta rotas. Brutal.

POLLO CON CIGALAS

El «mar y montaña» más popular, el pollo con cigalas, es un plato de fiesta, pero no de ninguna fiesta en concreto sino, simplemente, de celebración. Puede ser para una reunión con amigos, para celebrar una buena noticia… ¡el motivo lo ponemos nosotros!

1 pollo ecológico limpio y troceado

500 ml de agua mineral o de caldo

8 cigalas

2 cebollas de Figueres

3 tomates pera

1 diente de ajo

vino rancio (un chorro)

vino blanco (un chorro)

pimienta negra

aceite Ove

sal

Para la picada

1 rebanada de pan seco

1 pastilla de chocolate negro

8 avellanas

vino rancio (un chorro)

perejil fresco

1 Salpimentamos los trozos de pollo y, en una cazuela con un poco de aceite, los doramos a fuego vivo (no se tienen que cocer por dentro, solo quedar marcados). Los retiramos de la cazuela.

2 Separamos las cabezas de las cigalas y les quitamos el intestino con la ayuda de un palillo. Disponemos las cabezas en la cazuela anterior y las salteamos a fuego vivo.

3 Las presionamos con la cuchara para que suelten el líquido del interior, vertemos el vino rancio y dejamos que se evapore el alcohol. Después las retiramos del fuego.

4 Preparamos el sofrito: Rallamos los tomates, las cebollas y el ajo. Los pasamos a la cazuela (primero, la cebolla y el ajo, y después, el tomate), y dejamos que cueza 5 minutos. Agregamos el vino blanco.

5 Disponemos los trozos de pollo en la cazuela, los cubrimos con el agua o el caldo y lo dejamos cocer con el fuego al mínimo 15 minutos.

6 Mientras tanto, hacemos la picada: En el mortero, trituramos los ingredientes secos indicados, y después añadimos el brandi.

7 Cuando falten 3 minutos para acabar la cocción, incorporamos a la cazuela las colas de cigalas y la picada (reservamos una cucharada), removemos y lo dejamos cocer a fuego bajo.

8 Servimos el pollo con las cigalas ya peladas, el resto de picada y unas hojas de perejil por encima.

El pollo con cigalas se cocina en toda la costa catalana, con variaciones: con conejo en lugar de pollo, con gambas en lugar de cigalas, etcétera.

ESTE ES UN PLATO TÍPICO DE LA COSTA BRAVA, ESPECIALMENTE DEL ALT EMPORDÀ.

CONEJO AL AJILLO

El ajo es un superalimento: tiene propiedades antioxidantes y antibióticas, protege nuestro sistema circulatorio y estimula las defensas. Es un ingrediente básico en la cocina mediterránea y su uso se remonta a cinco mil años atrás.

1 conejo limpio y troceado

2 l de agua mineral

2 cabezas de ajos

1 rama de tomillo fresco

1 rama de romero fresco

200 ml de vino rancio (1 vaso)

100 g de sal

pimienta blanca

aceite Ove

1 Preparamos un baño de sal para el conejo: En un recipiente grande, disolvemos 100 g de sal en los 2 litros de agua mineral y sumergimos los trozos de conejo en ella. Lo dejamos así 6 horas.

2 Mientras, asamos al horno una cabeza de ajos: la cortamos por el medio en sentido horizontal, sin pelar, y la disponemos en una bandeja con un buen chorro de aceite, la rama de romero y la rama de tomillo. La horneamos a 180° C durante 30 minutos.

3 Retiramos el conejo del baño de sal, lo secamos con papel absorbente o un paño limpio y lo pasamos a una cazuela con bastante aceite (como mínimo, dos dedos). Lo freímos durante 10 minutos a fuego medio.

4 Desgranamos la otra cabeza de ajos, pelamos todos los ajos y los cortamos a láminas no muy delgadas.

5 Transcurridos los 10 minutos, añadimos todo el ajo laminado a la cazuela. La tapamos y lo dejamos cocer 10 minutos más.

6 Abrimos el horno, retiramos la bandeja y vertemos en ella el contenido de la cazuela: los trozos de conejo y el aceite con los ajos. Lo regamos con el vino rancio, echamos una pizca de pimienta blanca y lo asamos unos 10 minutos con el horno a 180° C.

7 Retiramos la bandeja del horno y montamos los platos: repartimos los trozos de conejo y los regamos con el líquido de la cocción. Agregamos el tomillo, el romero y los ajos, y lo servimos caliente.

Cuando aplicamos baños de sal a la carne, como en este caso, no hace falta añadirles más sal luego.

EL CONEJO AL AJILLO YA SE COCINABA EN ÉPOCA MEDIEVAL.

PANELLETS DE PIÑONES

Este clásico catalán proviene de la antigua costumbre de llevar panecillos al cementerio para honrar a los difuntos la noche de Todos los Santos. Pese a que los tiempos cambian y ya no los llevamos a las tumbas, estos días comemos panellets *igual que hacían nuestros abuelos.*

1 patata Kennebec (100 g)

350 g de piñones

500 g de almendra marcona cruda molida

350 g de azúcar

1 limón

2 huevos

1 Calentamos agua en un cazo y hervimos la patata con piel. Una vez hervida, la pelamos, la pasamos a un cuenco grande y la aplastamos con un tenedor (solo necesitamos 100 gramos). Agregamos todo el azúcar y una yema de huevo, y lo mezclamos.

2 Dividimos la almendra molida en tres partes y añadimos una al cuenco. Removemos y vertemos la segunda parte. Volvemos a mezclar y lo dejamos reposar un rato. Agregamos el resto de almendra y la ralladura de un limón, y lo mezclamos todo hasta obtener una masa uniforme y densa.

3 Disponemos la masa sobre una superficie y la trabajamos con las manos. Le damos forma de bola, la volvemos a pasar al cuenco y la reservamos a temperatura ambiente, tapada con un trapo, durante todo un día.

5 Pasadas 24 horas, cortamos la bola en dos partes, después, en cuatro y, finalmente, con las manos, hacemos bolas más pequeñas, de medida similar.

6 Batimos los huevos en un cuenco. Agregamos los piñones y lo removemos bien. Ya podemos encender el horno (a 200° C).

7 Vamos sumergiendo las bolitas en el cuenco para que se empapen de huevo y pegamos en ellas los piñones (tendremos que presionar un poco con los dedos).

8 Disponemos los panellets sobre una bandeja cubierta con un papel sulfurado y los horneamos durante 10 minutos a 200 °C. ¡Ya está!

Almendras y piñones, la base de los panellets, *son alimentos muy calóricos, ideales para soportar la fría Noche de Difuntos.*

LA PATATA ES UNO DE LOS ALIMENTOS MÁS CULTIVADOS Y CONSUMIDOS DEL MUNDO.

CREMA CATALANA

La crema catalana o de Sant Josep es, probablemente, el postre catalán más universal. Ya se elaboraba en la Edad Media y era muy apreciada por ilustres como el barón de Maldà, Serafí Pitarra o Miquel Martí i Pol.

4 yemas de huevo

750 ml de leche

25 g de maicena

50 g de azúcar

1 cáscara de limón

1 ramita de canela

azúcar moreno
(4 cucharadas)

Otros

tirabuzones de chocolate
para acompañar

1 Ponemos a calentar 700 ml de leche en una cazuela (nos reservamos los 50 ml restantes). Cuando humee, le añadimos un buen trozo de cáscara de limón y la cañita de canela. Justo cuando arranque a hervir, retiramos la cazuela del fuego y la dejamos enfriar.

2 En un cuenco grande, disponemos las cuatro yemas de huevo y el azúcar, y lo batimos con el batidor manual.

3 En un vaso, disolvemos la maicena en el resto de leche y la añadimos al cuenco anterior.

4 Vertemos la leche en este cuenco (retiramos la canela y la piel de limón antes), y removemos. Pasamos esta mezcla a la cazuela y la ponemos a calentar, con el fuego al mínimo y removiendo de vez en cuando. Cuando empiece a hervir, la retiramos del fuego.

6 Vertemos la crema en tarrinas o moldes de flan individuales y la dejamos enfriar. Cuando esté a temperatura ambiente, la dejamos cuajar dentro de la nevera unas 4 o 5 horas.

7 Justo antes de servir las cremas, echamos una cucharada de azúcar moreno a cada una, lo esparcimos y, con el soplete de cocina o el quemador de azúcar, lo quemamos.

8 Servimos las cremas acompañadas de unas virutas de chocolate.

La crema catalana es la crema tradicional de San José pero con azúcar quemado por encima, y se come todo el año. La crema de San José, en cambio, no lleva azúcar quemado y se suele consumir solo el día 19 de marzo.

CON CREMA CATALANA SE PUEDE ELABORAR HELADO, TURRÓN, LICOR, MOUSSE, RELLENO PARA PASTELERÍA…

FLAN DE REQUESÓN

Antiguamente, el requesón se elaboraba en todas las casas que tenían ganado, puesto que es muy sencillo de hacer, ya que en realidad es leche coagulada con un producto como zumo de limón o cuajo.

250 ml de leche
200 g de requesón
70 ml de nata líquida
60 g de azúcar
4 huevos
6-8 higos secos
1 naranja
un puñado de nueces
un puñado de pasas
miel

1 Disponemos cuatro moldes de flan y vertemos una cucharada de miel en la base de cada uno. Los congelamos así.

2 Vertemos la nata y la leche en una cazuela y añadimos la cáscara de naranja. Removemos y lo ponemos al fuego. Cuando empiece a hervir, apagamos el fuego y lo dejamos enfriar.

3 Separamos las yemas de las claras (solo necesitamos tres claras). Batimos las cuatro yemas y las mezclamos con el azúcar. Ponemos agua a calentar para hacer un baño maría.

4 Retiramos el requesón de la nevera y lo colocamos sobre un colador. Lo presionamos un poco para que suelte el líquido.

5 En el vaso americano, batimos el requesón con la leche que hemos calentado y las tres claras. Vertemos la mezcla donde tenemos las yemas con el azúcar y lo removemos con el batidor manual. Retiramos los moldes del congelador y los llenamos con esta mezcla.

6 Llenamos una fuente alta con el agua caliente y colocamos en ella los cuatro moldes. Los introducimos en el horno y los dejamos 50 minutos a 95° C.

7 Retiramos los moldes del agua. Los dejamos enfriar a temperatura ambiente y luego los reservamos en la nevera hasta que cuajen.

8 Los desmoldeamos y los servimos acompañados de nueces, pasas, higos y un poco de miel por encima.

El requesón es un producto delicado y se debe consumir durante los dos o tres días posteriores a su compra.

EL REQUESÓN PUEDE ELABORARSE CON LECHE DE CABRA, DE OVEJA O DE VACA.

CREMA SABAYÓN CON GRANOLA

La crema sabayón es un postre tradicional italiano que, a partir del siglo XVI, se extendió por toda Europa. La original se hace con vino de Marsala, que es siciliano, pero el jerez también le va muy bien.

4 yemas de huevo

50 g de azúcar blanco

100 ml de jerez (½ vaso)

una pastilla de chocolate al 85% de cacao

ralladura de piel de naranja

Para la granola

100 g de avellanas tostadas

200 g de *muesli*

120 g de miel

35 g de harina de arroz

30 g de sésamo tostado

50 g de azúcar moreno

extracto de vainilla (1 cucharadita de café)

1 Preparamos la granola: Rompemos las avellanas con el mortero procurando que los trozos queden irregulares. En un cuenco grande, las mezclamos con el *muesli*, la harina de arroz y el sésamo tostado.

2 Disponemos un cazo a fuego medio con la miel, el azúcar moreno y el extracto de vainilla, y lo removemos hasta que el azúcar se haya disuelto. Lo vertemos en el cuenco anterior y lo mezclamos.

3 Distribuimos esta mezcla sobre una bandeja de horno cubierta con papel sulfurado y la allanamos con una espátula. La cubrimos con otro papel sulfurado y la alisamos con las manos. Así tapada, la introducimos en el horno y la dejamos 30 o 35 minutos a 150° C. La retiramos y la dejamos enfriar.

4 Elaboramos la crema: Vertemos un dedo de agua en una cazuela y la calentamos con el fuego al mínimo. Colocamos un recipiente de cristal dentro para preparar un baño maría.

5 Separamos las claras de las yemas de huevo, pasamos cuatro yemas y 50 g de azúcar blanco al recipiente de cristal y lo removemos con el batidor manual hasta que blanquee.

6 Vertemos el jerez poco a poco y lo cocemos a fuego muy bajo durante 10 minutos, sin dejar de remover (también lo podemos hacer con las varillas eléctricas). Retiramos la crema del fuego.

7 Desmenuzamos la granola con los dedos.

8 Llenamos cuatro vasitos de postre: primero, con una base de granola, encima, la crema sabayón y, para rematar, el chocolate rallado y un poco de ralladura de piel de naranja. ¡Brutal!

La granola es este conglomerado crujiente formado por cereales y frutos secos que se hornea con miel y azúcar.

A DIFERENCIA DE OTRAS CREMAS, LA SABAYÓN SE COME CALIENTE O TIBIA.

COULANT CON PLÁTANO

Chocolate, plátano, azúcar… Si fuéramos más finos diríamos eso de «un volcán de sabores que se funden en el paladar…»; como no lo somos, solo diremos que este postre es, simplemente, brutal.

5 huevos

150 g de chocolate al 70% de cacao

80 g de azúcar

50 g de mantequilla

50 g de cacao en polvo

2 plátanos

1 vaina de vainilla

agua mineral

sal

1 Preparamos el baño maría: Disponemos una cazuela con agua en el fuego. En el interior, colocamos un cuenco de cristal con el chocolate troceado y la mantequilla ya blanda. Lo vamos removiendo con el batidor manual.

2 Pelamos los plátanos y los cortamos a rodajas. Abrimos la vaina de vainilla y le raspamos la pulpa del interior. Vertemos agua mineral en un cazo (un dedo) y hervimos en ella la pulpa de la vainilla y las rodajas de plátano hasta que el agua se consuma.

3 Rompemos los huevos y separamos las claras de las yemas. En un cuenco grande, batimos las yemas con el azúcar hasta que doblen su volumen. Después, vertemos el chocolate que hemos deshecho y lo mezclamos todo con el batidor manual.

4 Pasamos las rodajas de plátano y la vainilla al vaso de la batidora eléctrica. Añadimos el cacao en polvo y lo trituramos todo. Cuando esté muy integrado, lo pasamos al cuenco de las yemas y el chocolate.

5 Batimos las claras a punto de nieve con un pellizco de sal. Con una espátula, las incorporamos poco a poco al cuenco donde tenemos la mezcla.

6 Vertemos la mezcla en moldes individuales y los introducimos en el congelador. Cuando estén totalmente congelados, los pasamos enseguida al horno, previamente calentado, y los dejamos a 200° C durante 12 minutos.

7 Los desmoldamos y servimos los *coulants* calientes.

Este postre no lleva harina de trigo y es apto para celíacos. Eso sí: ¡es una bomba de azúcar!

EL *COULANT* ES UN INVENTO MODERNO: LO CREÓ EL CHEF FRANCÉS MICHEL BRAS EN EL AÑO 1981.

BIZCOCHO DE ZANAHORIA

El carrot cake *es un postre clásico de la cocina estadounidense, a pesar de que su origen es británico. Parece ser que se popularizó durante la Segunda Guerra Mundial, cuando el azúcar iba escaso y la zanahoria hacía las funciones de edulcorante.*

550 g de zanahoria

150 g de anacardos crudos

180 g de azúcar moreno

50 g de azúcar blanco

5 huevos

280 g de harina de espelta integral

250 ml de aceite de girasol

1 sobre de levadura

canela en polvo (1 cucharada de postre)

mantequilla (1 cucharada de postre)

galletas de chocolate y nata

100 ml de coñac (½ vaso)

agua mineral

sal

1 Batimos los huevos por separado: en un cuenco, las yemas con el azúcar moreno y en el otro, las claras con una pizca de sal, que dejaremos a punto de nieve. Rallamos 400 g de zanahoria y la reservamos sobre papel absorbente.

2 Vertemos todo el aceite de girasol en el cuenco de las yemas y volvemos a batir. En un recipiente aparte, mezclamos la harina, la canela y la levadura. Añadimos poco a poco esta mezcla al cuenco anterior, tamizándola con un colador de malla metálica. Lo batimos todo y encendemos el horno.

3 Incorporamos despacio la clara montada y seguimos batiendo esta mezcla. Agregamos la zanahoria rallada y los anacardos, enteros o un poco rotos. Lo pasamos a un molde rectangular (el típico de *plum cake*) y lo horneamos durante 40 minutos a 180° C.

4 Mientras tanto, preparamos el acompañamiento: cortamos el resto de zanahoria en *brunoise* y la salteamos en una sartén con una cucharada de mantequilla. Vertemos el coñac y dejamos que se evapore.

5 Le agregamos los 50 g de azúcar blanco y, cuando esté a punto de secarse, añadimos un vaso de agua mineral y subimos el fuego. Lo dejamos reducir hasta que quede con textura de jarabe.

6 Retiramos el bizcocho del horno y lo desmoldamos. Lo servimos con el jarabe de zanahoria y las galletas de nata y chocolate desmenuzadas por encima.

La espelta es un cereal muy similar al trigo, pero de valor nutricional superior.

EL 3 DE FEBRERO SE CELEBRA EN LOS ESTADOS UNIDOS EL *CARROT CAKE NATIONAL DAY.*

SUFLÉ DE VAINILLA

El suflé es un invento francés del siglo XVIII. Se elabora con claras batidas a punto de nieve y el roux, *que es la mezcla de harina y mantequilla. Puede ser dulce o salado en función de los ingredientes que añadimos.*

8 huevos

60 g de harina

500 g de leche entera

175 g de mantequilla

125 g de azúcar glasé

125 g de pistachos crudos

1 vaina de vainilla de Madagascar

azúcar glasé para los moldes

NO ERES UN COCINERO DE PRO HASTA QUE NO CONSIGAS HACER SUBIR UN SUFLÉ.

1 Con un pincel de cocina, pintamos seis moldes individuales con mantequilla ablandada (textura de pomada), haciendo las pinceladas desde la base hasta arriba (esto ayudará a subir el suflé). Los reservamos en la nevera. Una vez fríos, volvemos a pintar los moldes con mantequilla, pero ya no los metemos en la nevera.

2 Echamos una cucharada de azúcar en cada molde y los giramos hasta que quede pegado y muy repartido, sin grumos. Volvemos a introducir los moldes en la nevera.

3 Preparamos un *roux*: disponemos un cazo grande en el fuego con 125 g de mantequilla blanda y los 60 g de harina. Lo cocemos 10 minutos a fuego bajo, sin dejar de remover y lo retiramos del fuego.

4 Disponemos otro cazo al fuego con la leche, una cucharada de azúcar glasé y la pulpa de la vainilla. Cuando arranque a hervir, lo retiramos del fuego y lo dejamos reposar 5 minutos.

5 Rompemos los huevos y pasamos las claras a un cuenco. Reservamos una cucharada de azúcar glasé y vertemos el resto en el cuenco. Montamos las claras con el azúcar.

6 Retiramos la vaina de vainilla y vertemos la leche en el *roux* de mantequilla y harina, sin dejar de remover. Cuando espese, la retiramos del fuego.

7 Añadimos las yemas a la mezcla anterior, sin dejar de remover. Tapamos el cazo con papel film de forma que quede en contacto con la mezcla.

8 Retiramos el film y, con una cuchara metálica, incorporamos la mezcla al merengue. Encendemos el horno.

9 Retiramos los moldes de la nevera y los rellenamos con un cucharón. Los introducimos en la parte de bajo del horno y los cocemos 18 minutos a 190° C. Tienen que subir como mínimo un tercio de su volumen.

10 Les tiramos el azúcar glasé que habíamos reservado. Rompemos los pistachos y también se los echamos. Listos.

TARTA DE QUESO Y NUECES

El cheesecake *es un pastel típico de los Estados Unidos, pero se hacen versiones en todo el mundo, desde el Magreb hasta el Japón. Nosotros, para no ser menos, haremos nuestra propia receta con queso del Pirineo.*

200 g de galletas maría
100 g de mantequilla
80 g de nueces
4 higos
miel
piel de lima rallada

Para el relleno superior

350 g de crema de queso para untar
125 g de queso de *tupí*
4 huevos
50 g de azúcar glasé
1 vaina de vainilla
sal

1 En un cuenco, trituramos las galletas con las manos. Añadimos la mantequilla —tiene que estar blanda—, y la mezclamos con un tenedor hasta obtener una pasta de textura parecida a la arena de playa mojada.

2 Llenamos la base de un molde con esta pasta, formando una capa uniforme y compacta. Encima, agregamos las nueces troceadas. Reservamos el molde así en la nevera durante media hora.

3 Preparamos el relleno: Rompemos los huevos y separamos las yemas de las claras (solo necesitamos tres claras). Abrimos la vaina de vainilla, le raspamos la pulpa con una cuchara y la pasamos al recipiente donde tenemos las yemas.

4 Incorporamos el azúcar glasé al recipiente de las yemas y lo batimos todo con las varillas eléctricas hasta que casi triplique su volumen. A continuación, agregamos la crema de queso y el *tupí*, y volvemos a batir.

5 Montamos las claras a punto de nieve con una pizca de sal y las añadimos, a cucharadas y mezclándolas poco a poco, al recipiente anterior. Encendemos el horno.

6 Retiramos el molde de la nevera, vertemos la crema en él y lo horneamos durante 30 minutos a 160º C.

7 Desmoldamos el pastel y lo servimos tibio, con los higos cortados a cuartos por encima y unos hilos de miel. Lo rematamos con un poco de ralladura de lima. ¡Brutal!

El queso de tupí *es un producto originario del Pirineo catalán y tiene una textura que recuerda el requesón, aunque su sabor es mucho más intenso.*

¡UN *CHEESECAKE* DE MONTAÑA!

BERLINAS DE CHÍA

Las berlinas son estas rosquillas típicas del norte de Europa. Dice la leyenda que el agujero lo inventó un cocinero que, harto de que no se frieran bien por el centro, las agujereó con la base de un pimentero.

250 g de harina de repostería

200 g de chocolate blanco

200 ml de leche

50 g de mantequilla

15 g de levadura

60 g de azúcar glasé

40 g de nata al 35% de grasa

1 yema de huevo

1 naranja

semillas de chía (2 cucharadas)

3-4 entonces de cardamomo

aceite de girasol

sal

1 Disponemos la leche en un cazo y la calentamos en el fuego con un trozo de piel de naranja y las semillas de cardamomo abiertas. Cuando arranque a hervir, tapamos el cazo, lo apartamos del fuego y lo dejamos infusionar 10 minutos.

2 En un cuenco, mezclamos la harina con una pizca de sal, una cucharada de chía, la levadura y el azúcar glasé. En otro, batimos la yema con la mantequilla ya blanda.

3 Hacemos un agujero en el centro de la harina y volcamos en él la mezcla de huevo y mantequilla. Lo amasamos todo con las manos.

4 Colamos la leche infusionada y la vertemos también sobre la masa. La amasamos hasta que obtengamos una mezcla homogénea y elástica. La dejamos reposar 25 minutos, en el mismo cuenco.

5 Fundimos el chocolate: Disponemos una olla bajita con dos dedos de agua al fuego y colocamos un recipiente de cristal dentro. Vertemos la nata y el chocolate blanco troceado y los calentamos con el fuego al mínimo, removiendo de vez en cuando.

6 Retiramos la masa del cuenco, la dividimos en seis partes y les damos forma de rosquillas: hacemos bolas, las aplastamos con las manos o un rodillo y les hacemos el agujero central con uno cortapastas.

7 Disponemos una sartén honda con abundante aceite de girasol. Freímos las berlinas y las vamos colocando sobre un papel sulfurado.

8 Las cubrimos con el chocolate blanco y les esparcimos el resto de chía por encima. ¡Brutales!

Las rosquillas se han popularizado gracias en parte a los policías que salen en las películas y las series norteamericanas, como Twin Peaks.

UNA MERIENDA ESPECTACULAR PARA COMPARTIR CON AMIGOS Y FAMILIA.

PASTELITO DE MORAS

Estos pastelitos son ideales como postre o merienda. Son típicos de los estados de Norteamérica y del Canadá, donde el frío es intenso y las moras abundan.

250 g de moras
125 g de miel
125 g de harina
de espelta integral
40 g de panela
30 g de jengibre fresco
1 huevo
mantequilla para untar

Para la cobertura
pacharán
100 g de moras
40 g de azúcar blanco
50 g de mantequilla
50 g de chocolate blanco
limón (un chorrito)

1 Elaboramos la masa: Disponemos un cazo al fuego y calentamos, a fuego lento, la miel y la panela hasta conseguir una melaza.

2 Vertemos la harina de espelta en un cuenco. Batimos un huevo y lo añadimos, junto con la melaza anterior.

3 Rallamos el jengibre y lo agregamos. Lo amasamos todo, lo tapamos con papel film de forma que el plástico toque la mezcla y lo dejamos reposar durante 2 horas a temperatura ambiente.

4 Preparamos la cobertura: En una sartén, fundimos la mantequilla y salteamos en ella las moras. Vertemos un chorro de pacharán para levantar azúcares y, antes de que se evapore del todo, agregamos el azúcar y el chocolate troceada. Lo removemos hasta que el chocolate se funda y quede todo integrado.

5 Retiramos la sartén del fuego y esperamos a que la cobertura pierda un poco de temperatura. Echamos un chorro de zumo de limón, mezclamos y reservamos la cobertura. Encendemos el horno.

6 Destapamos el bol de la masa, le agregamos las moras y lo mezclamos.

7 Preparamos cuatro moldes individuales: los untamos con un poco de mantequilla y los llenamos con la mezcla. Introducimos los moldes en el horno y los cocemos 1 hora a 200° C.

8 Retiramos los pastelitos del horno, los desmoldamos y los servimos tibios, con la cobertura de moras por encima.

La panela proviene de la caña de azúcar sin refinar, y es más natural y saludable que el azúcar convencional.

EL PASTEL DE MORAS ES EL POSTRE OFICIAL DEL ESTADO NORTEAMERICANO DE MAINE.

AGRADECIMIENTOS

Por los espacios

Mercado de la Boqueria (www.boqueria.barcelona)

La Casa del Bacalao (C/ Comtal núm. 8, Barcelona)

Ramon Casamada (www.cancasamada.cat)

Xavier Casanovas (www.casanovas1906.com)

Casa Gispert (www.casagispert.com)

Mercado de la Independència de Terrassa
(www.mercatdelaindependencia.cat)

Palo Alto Market (www.paloaltomarket.com)

Bar Pinotxo (pinotxobar.com)

Forn Turull (www.fornturull.cat)

La Pulpolneta (www.pulponeta.cat)

Por el estilismo

Pere Aguadé (www.aguade.com)

Baraka (www.barakaweb.com)

Casa Gay (www.casagay.com)

Cara Janelle (Instagram: @caracaraorange)

Le Creuset (www.lecreuset.es)

Helena Prat (Instagram: @hellenicaceramics)

Verde Mandarina (www.verdemandarina.com)

Setxu Xirau Roig (www.xirauroig.com)